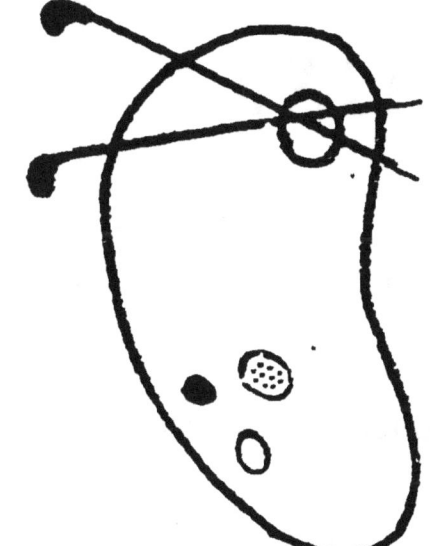

Couvertures supérieure et inférieure en couleur

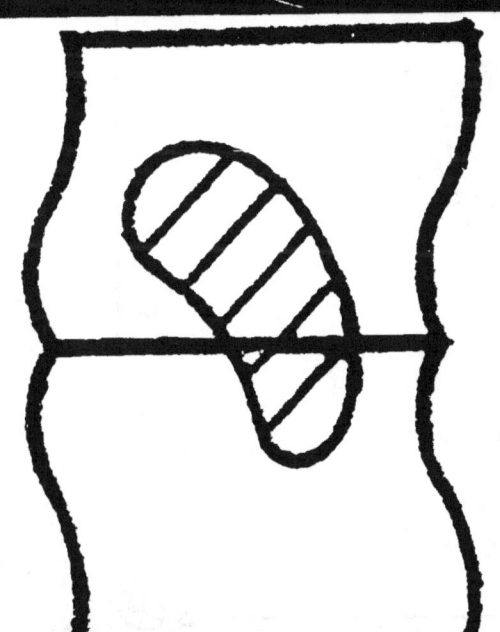

Illisibilité partielle

VALABLE POUR TOUT OU PARTIE DU DOCUMENT REPRODUIT

ALBERTINE

ET

SUZANNE

OU

NAISSANCE, BEAUTÉ, FORTUNE, NE FONT PAS LE BONHEUR

PAR MARIE-ANGE DE T***

TOURS
ALFRED MAME ET FILS
ÉDITEURS

BIBLIOTHÈQUE DE LA JEUNESSE CHRÉTIENNE. — 3ᵉ SÉRIE.

Adèle, ou l'honnête ouvrière, par Stéphanie Ory.
Albertine et Suzanne.
Ange de Charité (l').
A qui la faute ?
A quoi sert un Chapelet.
Aventures (les) du cousin Jacques, par Just Girard.
Bailli de Suffren (le), par Fr. Joubert.
Bergère de Beauvallon (la).
Berthe et Fanny.
Bianca l'Esclave, par Mme A. Grandsard.
Billet de Loterie (le).
Blanche et Isabelle, par Théophile Ménard.
Ce que disent les champs.
Chevert, lieutenant général des armées du roi.
Cloche cassée (la).
Curé d'Ars (le).
Demoiselles d'Héricourt (les), par Stéphanie Ory.
Divinité de Jésus-Christ (la).
Écolier vertueux (l').
Enfants Martyrs (les), ou Confesseurs de la Foi.
Edmond, ou les Tribulations d'un menteur.
Éleveur d'abeilles (l'), par Albert de Labadye.
Élise et Céline, ou une véritable amie.
Eustache Lesueur, par Roy.
Fables choisies de Florian.
François, ou les Dangers de l'indécision.
Gaëtano, par E. Bossuat.
Génie de Buffon.
Hélène, par Mme Grandsard.
Henriette de Saint-Gervais.
Jeunesse de Salvator Rosa (la)
Laurent et Jérôme, ou les Deux jeunes poètes.
Lucien, par Fr. Joubert.
Mme Élisabeth, sœur de Louis XVI, par J.-J.-E. Roy.
Madone de la forêt (la).
Manoir de Rosven (le).
Maréchal Fabert (le).
Marie-Sainte Trégomier, histoire d'une domestique, par Mme Des Prézide la Ville Tual.
Mathilde et Marthe.
M. Gendrel, ou le Travail c'est la santé, par Ét. Gervais.
P. sseur de Marmoutier (le), ou l'Évasion du duc de Guise, par Just Girard.
Paul Davadan.
Percheron fils, par Charles Dubois.
Père Tropique (le), par Just Girard.
Pétine
Petit Homme noir (le).
Pierre Chauvelot, par Just Girard.
Pierre Reboul, par Théoph. Ménard.
Prix de Lecture (le), par Marie-Auge de T***
Reine et Paysanne, par Mme de Labadye.
R. P. Libermann (le).
Saints de l'Atelier (les), 1re s.
    id.   2e série.
    id.   3e série.
Sabotier de Marly (le).
Secret de Madeleine.
Souvenirs de Charité, par M. le comte de Falloux.
Souvenirs de Madame de Pontalby.
Souvenirs du Sacré-Cœur de Paris.
Temps Mérovingiens (Souvenirs des).
Trois jours de la vie d'une Reine.
Turenne (histoire de), par l'abbé Raguenet.
Voyages dans l'Indoustan, par E. Garnier.

Tours. — Impr. Mame.

BIBLIOTHÈQUE

DE LA

JEUNESSE CHRÉTIENNE

APPROUVÉE

PAR Mgr L'ARCHEVÊQUE DE TOURS

4e SÉRIE IN-12

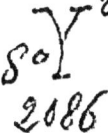

PROPRIÉTÉ DES ÉDITEURS

Suzanne embrassa tendrement sa petite amie.

ALBERTINE

ET

SUZANNE

OU

NAISSANCE, BEAUTÉ, FORTUNE, NE FONT PAS LE BONHEUR

PAR MARIE-ANGE DE T***

TOURS

ALFRED MAME ET FILS, ÉDITEURS

1878

ALBERTINE ET SUZANNE

PREMIÈRE PARTIE

CHAPITRE I

Le docteur Arnoux, médecin d'une haute capacité, quoique bien jeune encore, avait été envoyé par le gouvernement dans le canton d'Ernouville, où régnait une épidémie dangereuse. Il se livra avec un zèle soutenu aux soins à donner aux malades atteints par la contagion, et il réussit à arracher de nombreuses victimes au fléau. Il ne se contenta pas de remplir avec courage et intelligence la mission qui lui avait été confiée, il tenta de prévenir le retour du mal en combattant les causes qui l'avaient occasionné. Ces causes provenaient de l'insalubrité de l'air infecté par les miasmes délétères qui s'élevaient d'une surface considérable de marais et d'étangs dont le pays était couvert.

Les rapports qu'il adressa sur ce sujet à l'autorité furent remarqués par leur clarté, et surtout par les moyens tout à la fois simples, ingénieux et pratiques, qu'il proposa pour assainir cette contrée. Le ministre lui écrivit une lettre de félicitation, et une académie de province couronna un mémoire qu'il lui avait adressé sur cette question d'hygiène publique.

Tel fut le résultat de sa tentative auprès des autorités et des corps savants. Mais les éloges ministériels et la couronne académique étaient loin de contenter notre jeune médecin. Il leur eût préféré de grand cœur une décision qui eût ordonné la mise à exécution immédiate de ses idées.

Après de nouvelles sollicitations infructueuses auprès de l'administration départementale, il résolut d'entreprendre lui-même une tâche évidemment au-dessus des forces d'un seul homme. Aussi comprit-il que, pour réussir, il devait commencer par s'assurer du concours des parties les plus intéressées à cette entreprise, c'est-à-dire des propriétaires les plus riches et les plus influents du pays.

Mais là se présentait une difficulté : comment, lui étranger, pourrait-il inspirer assez de confiance à des gens dont il était à peine connu, ou dont il n'était connu que comme médecin, pour les engager à risquer leurs capitaux dans une entreprise dont le succès pouvait être douteux? Ne passerait-il pas, aux yeux du plus grand nombre, pour un aventurier qui n'offrait aucune garantie, et prêt à disparaître avec l'argent des dupes qui lui auraient donné leur confiance?

Le docteur Arnoux était un homme résolu, un homme d'action, qui ne se laissait pas facilement arrêter par un obstacle. Aussi, à peine eut-il prévu cette difficulté, sans attendre qu'elle s'offrît positivement à lui, qu'il imagina aussitôt le moyen de la surmonter. Ce moyen consista simplement à s'installer d'une façon définitive dans le canton d'Ernouville, à y fixer son domicile et à y acquérir des propriétés; de cette manière on ne pourrait lui objecter sa qualité d'étranger.

Ce fut pour lui chose facile : il était célibataire, et aucun lien de famille ne le retenait dans son pays natal. Il réalisa donc toute sa fortune, peu considérable il est vrai ; et du produit de la vente de son patrimoine et de quelques rentes sur l'État il acheta différentes propriétés à Ernouville et dans les environs.

Peu de temps après, il se maria avec la fille du maire d'Ernouville, ce qui acheva tout à fait de le naturaliser dans sa nouvelle résidence.

Ce fut alors qu'il songea sérieusement à réaliser son projet. Secondé par son beau-père, à qui il était parvenu à faire partager ses idées, il se mit résolument à l'œuvre. Il commença par prêcher d'exemple, et transforma en prairies et en terres labourables la plus grande partie des propriétés qu'il avait acquises, et qui consistaient en étangs et en terres marécageuses. Son beau-père et quelques autres petits propriétaires l'imitèrent ; mais le plus grand nombre ne voulut rien changer à ses habitudes, soit par indolence, soit par routine, soit par crainte d'insuccès. De sorte que l'œuvre du docteur Arnoux menaçait de rester à l'état d'ébauche, si le comte d'Ernouville, descendant des anciens seigneurs de cette terre, et possédant à lui seul près de la moitié du territoire, n'était venu donner à cette œuvre une puissante impulsion qui contribua à son achèvement complet.

Le comte d'Ernouville, appartenant à l'une des grandes familles de France, était à trente ans colonel d'un régiment de la garde royale. Il venait de succéder à son père comme pair de France, lorsque éclata la révolution de juillet 1830. Ayant refusé de se rallier au nouveau gouvernement, il donna sa démission des dignités et emplois qu'il tenait du gouvernement déchu, et il se retira pour quelque temps dans son château d'Ernouville, avec l'intention de se livrer au plaisir de la chasse, le pays étant abondamment pourvu de gibier.

Pendant son séjour au château, il entendit parler des projets de M. Arnoux pour l'assainissement de la contrée. Il témoigna aussitôt le désir de s'entretenir avec lui, et bientôt, partageant toutes les vues, tous les projets du docteur, il mit au service de son entreprise toute l'influence que pouvaient lui donner dans le pays sa fortune et son nom.

Grâce à ce puissant concours, l'entreprise du docteur, que beaucoup de gens avaient traitée de folie, fut conduite rapidement à bonne fin. En peu d'années le pays fut, pour ainsi dire, transformé. Il devint un des plus sains et en même temps un des plus fertiles de cette partie de la France.

M. Arnoux avait apporté à l'exécution de ces grands travaux toute l'activité et toute l'intelligence dont il était pourvu. Il s'était en quelque sorte multiplié : il s'était fait ingénieur, traçant lui-même les plans de nivellement, ou, comme un simple conducteur des ponts et chaussées, il faisait creuser les fossés nécessaires à l'écoulement des eaux; puis, en agronome expérimenté, il faisait labourer les terrains desséchés, indiquait les plantes fourragères ou les céréales dont il fallait les ensemencer, et présidait aux plantations d'arbres qui devaient contribuer à l'assainissement de l'air. Au milieu de ces importants travaux, il ne négligeait pas ses fonctions de médecin. Était-il appelé auprès d'un malade, il accourait avec empressement et lui prodiguait ses soins avec le même zèle et le même dévouement que s'il n'eût pas eu d'autres occupations que celles de sa profession.

Les bons résultats de ces travaux ne tardèrent pas à se faire sentir. Les maladies endémiques, particulières à ce canton, disparurent peu à peu, et le docteur Arnoux fut proclamé par tous les habi-

tants le bienfaiteur et le sauveur du pays.
Ce qui contribuait surtout à augmenter
leur reconnaissance, c'était le rare désintéressement qu'avait montré le docteur
depuis son installation au milieu d'eux.
La plupart s'étaient imaginé d'abord que
c'était par pure spéculation qu'il avait
formé cette grande entreprise. « Il
compte, disaient les plus malins, s'enri-
chir par l'accroissement de valeur et de
produit de ses terres et de celles de son
beau-père. » Car les hommes ne croient
pas facilement que l'on sacrifie son temps,
ses peines, son argent, uniquement pour
le plaisir de faire le bien. Mais quand,
au bout d'un certain nombre d'années,
on reconnut que lui seul peut-être n'a-
vait pas profité, comme les autres propriétaires, des avantages qu'il avait pro-
curés au pays; qu'il n'était jamais rentré
dans les déboursés considérables qu'il avait

été obligé de faire dans les commencements pour des études et des essais restés improductifs, ni dans les avances qu'il avait faites aux plus pauvres et aux plus récalcitrants pour les encourager à participer à son œuvre; qu'enfin, par suite de tant de sacrifices, son avoir, loin de s'être augmenté, s'était considérablement amoindri, on fut bien forcé de se rendre à l'évidence, et d'avouer qu'il n'avait agi que dans l'intérêt général, et nullement dans le sien propre. Ajoutons que, dans l'exercice de ses fonctions de médecin, non seulement il ne songeait pas à exiger d'honoraires de ses malades pauvres ou ne jouissant que d'une aisance médiocre, mais il ne recevait de ceux qui étaient riches que ce qu'ils voulaient bien lui donner; encore cet argent lui servait-il le plus souvent à acheter des médicaments pour ses malades indigents, ou à leur procurer des aliments substantiels pendant leur convalescence.

On comprend qu'une conduite aussi honorable avait dû lui attirer la reconnaissance et la considération de ses nouveaux concitoyens. Mais parmi ceux qui lui témoignaient le plus d'estime et d'affection, nous citerons le comte d'Ernouville. Depuis le jour où nous l'avons vu adopter avec enthousiasme les plans du docteur pour l'assainissement du pays, il s'était lié avec lui d'une amitié qui n'avait fait que s'accroître de jour en jour.

Bon nombre de personnes, et surtout les gentilshommes campagnards des environs, avec lesquels le comte n'entretenait que des relations peu suivies, étaient, les uns étonnés, les autres choqués de cette intimité d'un grand seigneur avec un médecin de village. Sa mère elle-même, la comtesse douairière d'Ernouville, n'approuvait point cette liaison, qu'elle regardait presque comme une dérogeance de la part de son fils. Du reste, elle rendait justice au mérite, à la science, au désintéressement du docteur ; en un mot, elle reconnaissait toutes ses qualités, mais il lui en manquait une qui suffisait, selon elle, pour l'exclure de la société intime des personnes d'un haut rang comme le sien : c'était la naissance.

Cette manière de voir paraîtra peut-être extraordinaire dans un temps comme le nôtre, où les rangs de la société tendent à se mêler et à se confondre ; mais nous ferons observer que la comtesse douairière d'Ernouville, née O'Guerty, appartenait à la noblesse écossaise, renommée dans toute l'Europe pour sa fierté.

Son fils était loin de partager ces préjugés. Cependant il avait aussi sa fierté : il ne se liait pas facilement avec le premier venu ; mais quand il avait rencontré dans un homme des qualités d'esprit et de cœur qui lui convenaient, quand il avait trouvé en lui des sentiments sympathiques, il ne s'occupait pas de l'illustration ou de l'obscurité de son origine pour lui accorder son estime et son amitié. « La noblesse du cœur, répétait-il souvent, vaut mieux que celle de la naissance; » et voilà pourquoi le noble comte avait recherché l'amitié du docteur Arnoux, simple fils d'un paysan de la Beauce.

Plusieurs circonstances concoururent à resserrer cette liaison. D'abord, la jeune comtesse, l'épouse du comte Albert d'Ernouville, ne partageait pas plus que son mari les préjugés de sa belle-mère au sujet de la naissance. Elle avait trouvé dans Mme Arnoux, la jeune femme du docteur, une personne aimable, douce, instruite sans pédanterie, prévenante sans bassesse, et sa société lui parut mille fois préférable à celle des châtelaines des environs, dont les airs guindés et les prétentions ridicules la fatiguaient à l'excès.

Ce qui contribua ensuite à augmenter leur sympathie mutuelle, c'est que toutes deux étaient mères et avaient chacune une petite fille, dont l'âge différait à peine d'un an. L'une, la plus âgée, se nommait Suzanne: c'était la fille du docteur; l'autre s'appelait Albertine, du nom de son père, le comte Albert. La jeune comtesse, voyant avec quel succès son amie élevait son enfant, voulut la prendre pour modèle et suivre en tout ses conseils, qui ne pouvaient être que salutaires; car, s'ils n'étaient pas le résultat de l'expérience, puisque Mme Arnoux ne l'avait précédée que de peu de mois dans les fonctions de la maternité, ces conseils lui étaient inspirés par son mari le docteur, dont la science méritait toute sa confiance.

Avant la naissance de la petite Albertine, le comte et la comtesse ne passaient à leur château d'Ernouville que le temps de la belle saison ; l'hiver, ils retournaient à Paris, où ils prenaient part aux fêtes et aux réunions qui ont lieu dans le grand monde à cette époque de l'année. Mais, une fois mère, Mme d'Ernouville sacrifia volontiers ces plaisirs bruyants à ses nouveaux devoirs, et pour ne pas être tentée, en revenant à Paris, de se trouver au milieu du tourbillon du monde, elle résolut de rester à la campagne, et de s'y fixer pour un temps indéterminé. Son mari, qui se plaisait beaucoup dans ses terres, où la chasse et surtout les améliorations qu'il avait entreprises de concert avec le docteur lui offraient de puissantes distractions, consentit sans peine à cet arrangement.

La comtesse douairière seule y trouva à redire. C'était, selon elle, manquer à ses devoirs de gentilhomme que de ne pas se conformer aux usages consacrés par la bonne compagnie. Que dirait-on dans le monde quand on saurait que le comte et la comtesse d'Ernouville étaient restés confinés dans leurs terres, tandis que toute la haute noblesse ouvrirait ses salons dans le faubourg Saint-Germain et dans le faubourg Saint-Honoré? Cela pourrait donner lieu à toutes sortes de suppositions malveillantes ou ridicules. « On ne croira jamais, par exemple, qu'une jeune femme comme ma bru, ajoutait-elle, que l'on a vue les années précédentes briller avec tant d'éclat dans le monde, se soit volontairement déterminée à s'enterrer dans la solitude pendant cette saison; on croira qu'elle y aura été forcée par son mari, et l'on fera mille suppositions sur la cause de cet acte, où les uns verront une tyrannie odieuse, les autres une économie sordide. »

La douairière espérait, par ce dernier trait, ramener sa bru à son parti, car elle n'avait jamais cru que de sa part la résolution de rester à la campagne fût spontanée et surtout sincère. Elle était persuadée que c'était uniquement pour plaire à son mari, dont les goûts étaient devenus, depuis un certain temps, singulièrement bourgeois et campagnards, que sa femme avait consenti à prolonger son séjour au château. Le comte, qui devina l'intention de sa mère, lui répondit en souriant : « Ma foi, madame et très honorée mère, je croyais assez bien connaître la malignité du monde; mais j'avoue que je ne la supposais pas capable d'aller jusqu'à des inventions aussi absurdes et aussi méchantes. Savez-vous, ma bonne mère, que si le tableau que vous en tracez est exact, il est peu fait pour engager à fréquenter des sociétés où l'on maltraite ainsi les absents, et où ceux qui sont présents ne sont guère plus épargnés ? Du reste, si ma femme craint de s'exposer, en restant ici, à des suppositions fâcheuses, elle est parfaitement libre de retourner à Paris; car c'est elle qui la première a manifesté le désir de passer l'hiver ici, afin de n'être pas distraite des soins à donner à son enfant.

— Oui, Madame, dit alors la jeune comtesse, c'est là le seul motif qui m'a déterminée, et ce n'est pas la crainte ridicule du qu'en dira-t-on qui me fera changer de résolution. Si quelques-unes des personnes qui veulent bien s'intéresser à moi vous interrogent à ce sujet, faites-leur connaître la vérité toute simple. Les mères de famille vraiment dignes de ce nom me comprendront et m'applaudiront; quant aux autres, je n'ai nul souci de ce qu'elles penseront ou diront de moi. »

La vieille douairière parut peu satisfaite de cette réponse. « Comme il vous plaira, ma fille, reprit-elle d'un ton aigre-doux; je n'insiste pas, et je me garderai bien d'entamer une discussion avec vous pour vous prouver que les devoirs de mère peuvent fort bien s'accorder avec ceux que nous impose notre condition sociale... Moi aussi j'ai été mère, et, Dieu merci! personne ne peut m'accuser d'avoir manqué aux devoirs inhérents à cette qualité pour mieux observer ceux qui sont en quelque sorte une nécessité indispensable de notre rang. Tout le monde me rendra cette justice que j'ai su remplir les uns et les autres avec la même exactitude scrupuleuse. Dans toutes les circonstances de ma vie, j'ai eu constamment devant les yeux la vieille maxime de nos pères : « Noblesse oblige, » et elle a été et sera toujours la règle invariable de ma conduite. Malheureusement, depuis que le souffle des révolutions a passé sur la France, cette maxime a perdu de sa force. Ceux qui ne l'ont pas entièrement abandonnée la mettent en quelque sorte en réserve seulement pour les grandes occasions ; mais ils la négligent dans la pratique ordinaire de la vie. De là ces liaisons et ces habitudes bourgeoises qu'ils contractent, et qui leur font perdre peu à peu le sentiment de leur dignité et les usages qui conviennent à leur naissance. »

Après ce trait lancé à l'adresse de son fils et de sa bru, la douairière se retira dans ses appartements. Le lendemain elle partit pour Paris, bien résolue à ne pas revenir de sitôt au château d'Ernouville.

Nous allons laisser madame la comtesse douairière d'Ernouville, née O'Guerty, que nous retrouverons plus tard, se diriger vers la capitale, où elle va remplir dans les salons les devoirs que lui impose sa maxime favorite, pour revenir à nos deux jeunes mères ou plutôt à leurs deux petites filles, qui sont les véritables héroïnes de cette histoire.

CHAPITRE II

Délivrée par le départ de sa belle-mère de l'espèce de contrainte que lui imposait sa présence, la comtesse renoua plus intimement ses relations avec Mme Arnoux. Bientôt les deux familles ne semblèrent en faire qu'une. Le docteur, sa femme et la petite Suzanne venaient souvent passer la journée au château, et tandis que leurs maris parlaient d'agronomie, d'économie rurale et même d'économie politique, les jeunes mères s'entretenaient de leurs enfants, et se communiquaient mutuellement leurs remarques sur les progrès que faisaient chaque jour ces êtres chéris.

Plusieurs années s'écoulèrent ainsi. Les deux petites filles grandirent ensemble et s'aimèrent comme deux sœurs. Cependant, à mesure qu'elles avançaient en âge, on apercevait en elles des différences physiques et morales qui formaient un contraste frappant.

Suzanne, un peu plus âgée que sa compagne, était plus grande et plus forte; ses traits, non encore formés, étaient réguliers et faisaient prévoir qu'elle serait douée d'une grande beauté. Son visage, blanc et rose, était encadré par de soyeux cheveux blonds qui tombaient en boucles naturelles jusque sur ses épaules. Ses yeux, d'un bleu d'azur, étaient pleins de douceur, et donnaient parfois à sa physionomie quelque chose de sérieux et même de mélancolique quand ils s'animaient par le plaisir : car elle était gaie et rieuse comme on l'est à cet âge; sa physionomie s'éclairait et s'épanouissait en quelque sorte comme une fleur aux rayons du soleil ; mais jamais sa gaieté n'éclatait en transports bruyants et répétés, et sa joie la plus expansive était toujours contenue.

Albertine était plus petite, plus délicate, quoique parfaitement constituée. Ses cheveux et ses yeux étaient noirs, quoique sa peau fût presque aussi blanche que celle de Suzanne. Sa figure mutine, éveillée, promettait d'être plus jolie que belle ; elle était vive, pétulante, capricieuse ; mais dans ses mouvements les plus désordonnés régnait une grâce enfantine, et un cachet de distinction qui décelait son origine aristocratique.

Malgré ce contraste, ou plutôt par l'effet même de ce contraste, la plus parfaite union régnait entre les deux enfants. Elles ne pouvaient se passer l'une de l'autre, et si par hasard elles étaient un jour entier sans se voir, c'était la plus grande privation qu'elles pussent éprouver.

Suzanne, soit parce qu'elle était plus grande, ou d'un caractère plus doux, plus complaisant, plus réfléchi, exerçait une influence marquée sur sa petite amie. Elle seule pouvait modérer la turbulence de cet esprit indocile et peu capable d'application sérieuse. De son côté, Albertine communiquait quelque chose de sa vivacité à sa compagne, et celle-ci perdait à son contact un peu de sa gravité habituelle, et qui ne convenait pas réellement à son âge.

Mme Arnoux avait enseigné facilement à sa fille, dès sa plus tendre enfance, à réciter ses prières, puis à connaître ses lettres, un peu plus tard à lire couramment, puis à écrire. La comtesse essaya en vain d'en faire autant à l'égard d'Albertine; elle ne put y réussir. Croyant à son incapacité comme institutrice, elle pria Mme Arnoux de la remplacer dans cette tâche, dont elle s'était si heureusement acquittée envers sa fille. Mais celle-ci eut beau faire tous ses efforts, elle n'obtint pas plus de succès que la comtesse.

Mme d'Ernouville eut recours alors aux menaces mêlées d'encouragement et même de quelques légères punitions; tout fut inutile. Enfin, bien persuadée que ce n'était pas l'intelligence qui lui faisait défaut, mais que la mauvaise volonté était le seul obstacle à son instruction, elle lui dit un jour, en prenant un ton sévère et résolu : « Écoute, ma fille, je rougis pour toi chaque fois que je te vois en présence de Suzanne, en pensant qu'elle lit parfaitement et qu'elle commence à écrire, assez bien, tandis que toi tu sais à peine épeler. Pour m'épargner désormais cette honte, je ne veux plus qu'elle vienne ici, et j'ai prié sa mère de ne plus la ramener avec elle au château que quand tu sauras lire et écrire aussi bien que Suzanne. »

Albertine parut atterrée de cette décision, parce que, d'après la manière dont la comtesse avait parlé, elle la jugea irrévocable. Elle essaya toutefois d'attendrir sa mère par des caresses et par des larmes ; mais elle la trouva inébranlable. Alors elle éclata en sanglots, et parut en proie au plus violent désespoir.

En ce moment entra Mme Arnoux, elle était seule. Cette circonstance, que remarqua aussitôt Albertine, lui paraissant une confirmation de la résolution prise par sa mère, fit redoubler ses sanglots.

« Eh ! mon Dieu ! qu'a donc notre chère Albertine ? » s'écria Mme Arnoux.

La comtesse lui fit un signe d'intelligence, puis elle répondit d'un ton calme :
« Je lui ai fait part de la résolution que j'ai prise de la priver de la société de sa petite

compagne jusqu'à ce qu'elle s'en soit rendue digne par son application à l'étude et sa docilité à écouter les leçons qu'on veut bien lui donner; c'est là ce qui l'a mise dans l'état où vous la voyez. Une autre à sa place aurait dit : « Eh bien! maman, je vais faire tous mes efforts pour rendre cette séparation aussi courte que possible, » et elle se serait immédiatement mise à l'œuvre. Cet acte de bonne volonté m'aurait fait grand plaisir, et il aurait peut-être, sinon changé, au moins modifié ma résolution; mais, au lieu de prendre son livre et d'étudier bravement sa leçon, elle a préféré pleurer et se lamenter, ce qui ne servira qu'à lui rendre les yeux rouges, à fatiguer sa vue, et par conséquent à la rendre encore moins capable de lire. »

Tandis que sa mère parlait, Albertine avait peu à peu cessé de sangloter; puis, en lui entendant dire que si sa fille avait montré de la bonne volonté, elle aurait peut-être modifié sa résolution, l'enfant s'était tout doucement approchée d'une table sur laquelle était son livre de lecture, l'avait pris et le feuilletait tout en écoutant la conversation.

Ce manège n'avait pas échappé aux deux amies, qui continuèrent à causer sans paraître y faire attention.

« Mon Dieu ! Madame, reprit Mme Arnoux, j'aime à croire qu'Albertine ne manque pas tout à fait de bonne volonté, comme vous le supposez ; je m'explique tout autrement la douleur qu'elle a montrée quand vous lui avez annoncé sa séparation d'avec Suzanne pour un temps plus ou moins prolongé. Ma pauvre Suzanne a éprouvé le même chagrin quand je lui ai fait connaître votre décision, et je l'ai laissée tout en larmes lorsque j'ai quitté la maison pour venir au château. »

Ici Albertine cessa de feuilleter son livre,

et poussa un profond soupir; puis ses larmes recommencèrent à couler.

« Voilà pourtant, dit la comtesse d'un ton pénétré, ce que produisent l'obstination et la paresse de ma fille, d'affliger tous ceux qui l'aiment, à commencer par sa mère, et à finir par sa petite amie! »

Les sanglots d'Albertine éclatèrent de nouveau.

« Allons, Madame, il ne faut pas désespérer; la leçon lui profitera, j'en suis sûre; désormais elle mettra autant de zèle et d'ardeur à s'instruire qu'elle y a jusqu'ici apporté de négligence. N'est-ce pas, mon enfant? ajouta Mme Arnoux en s'adressant à Albertine.

— Oui..., oui..., Ma... Madame, dit celle-ci en tâchant de retenir ses sanglots.

— Vous me le promettez?

— Oui..., je... vous le promets... et à maman aussi.

—Eh bien! Madame, reprit Mme Arnoux en s'adressant à la comtesse, vous voyez que Mlle Albertine montre d'excellentes dispositions, telles que vous les désiriez tout à l'heure pour modifier la punition que vous lui avez infligée.

— Ce n'est pas la première fois qu'elle me montre de bonnes dispositions... en paroles; mais cela ne me suffit pas, et je veux voir au moins une fois s'exécuter ces belles promesses.

—Eh bien! moi, je vous garantis que ces bonnes dispositions se soutiendront, et que les effets répondront aux paroles. Dans cet espoir, permettez-moi, Madame, de vous faire part d'un projet qu'a formé ma fille pour rapprocher l'instant où vous lèverez la punition que vous avez imposée à Albertine : ce serait de permettre à Suzanne de lui enseigner elle-même à lire et à écrire. Elle prétend qu'elle y réussirait promptement, et qu'en peu de temps Albertine saurait lire et écrire aussi bien qu'elle. C'est peut-être de la présomption de sa part ; mais enfin vous pourriez toujours en faire l'essai.

— Oh! oui certes, c'est de la présomption de la part de cette chère Suzanne ; son bon cœur et le désir qu'elle a de se rapprocher de son amie lui font supposer facile une tâche dont vous et moi nous sommes payées pour connaître la difficulté. Cependant, si j'étais certaine du succès, je n'hésiterais pas à lui accorder ce qu'elle demande, ne fût-ce qu'à titre d'essai. Mais à quoi bon? ce serait exposer la pauvre enfant à de cruels mécomptes et à de grandes contrariétés, qu'il est de la prudence de prévenir.

— Oh! maman, s'écria tout à coup Albertine d'une voix suppliante ; ma bonne petite mère, je vous en conjure, ne parlez pas ainsi ! Accordez à ma chère Suzanne l'au-

2

torisation qu'elle vous demande, et je vous jure que je m'appliquerai avec tant d'ardeur à l'étude, que je ferai des progrès qui vous surprendront. »

Les deux dames se regardèrent en se pinçant les lèvres pour ne pas laisser échapper le sourire qui était tenté de s'y montrer.

« Mais si je consentais à ce que tu désires, reprit la comtesse en s'efforçant de garder son sérieux, sais-tu à quoi tu t'engages?

— Non, maman; mais je suis prête, si vous m'accordez ma demande, à me soumettre à toutes les conditions que vous m'imposerez.

— Eh bien, je te prends au mot, et voici mes conditions : d'abord, Suzanne ne passera pas toute la journée à jouer avec toi comme elle le faisait jusqu'ici. Elle n'y restera que le temps nécessaire pour te donner ta leçon, comme le ferait une institutrice ordinaire; seulement, au bout de deux à trois jours, si tu montres de la bonne volonté, si tu étudies avec une attention soutenue, une fois la leçon terminée, Suzanne restera avec toi pendant l'heure de ta récréation, mais pas une minute de plus. Voyons, y consens-tu?

— Oui, maman; mais quand donc Suzanne passera-t-elle toute la journée avec moi, comme auparavant?

— Je te l'ai dit, ma fille, quand tu sauras lire et écrire aussi bien qu'elle, ou du moins assez couramment pour que tu puisses me faire de temps en temps la lecture comme Suzanne la fait à sa mère.

— Oh! mon Dieu! soupira Albertine, ce sera bien long!

— Pas si long que tu te l'imagines; car je suis persuadée que si tu prends une fois une bonne résolution, et que tu la soutiennes, il ne te faudra pas plus de quinze jours ou trois semaines au plus pour en arriver là. D'ailleurs c'est là ma seconde condition, à laquelle je tiens essentiellement. Vois si tu veux l'accepter, oui ou non?

— Il le faut bien, seulement ce qui m'embarrasse, ce n'est pas de prendre une bonne résolution : tenez, dans ce moment elle est toute prise, mais c'est de la maintenir aussi longtemps : voilà ce qui me paraît difficile.

— Eh bien, mon enfant, je vais t'enseigner un moyen bien simple de triompher de cette difficulté; tous les matins et tous les soirs, en faisant ta prière, demande à Dieu avec ferveur de t'affermir dans les bonnes résolutions que tu as prises, ou plutôt qu'il t'a inspirées; car, mon enfant, toutes les bonnes résolutions nous viennent de Dieu, et c'est lui seul qui nous donne la force de les exécuter avec courage et persévérance. Mais pour cela, comme je te l'ai

dit, il faut le prier, non seulement le matin
et le soir, mais encore chaque fois que tu
éprouveras quelque défaillance. Si tu suis
mon conseil, je te garantis que tes bonnes
résolutions se maintiendront jusqu'au bout,
et que dans peu de temps nous en verrons
tous les heureux résultats.

— En ce cas, ma bonne petite mère, me
voilà toute prête; j'attends avec impatience
que Suzanne me donne ma première leçon.
Ce sera pour aujourd'hui, n'est-ce pas?

— Oui; mais avant d'envoyer chercher
Suzanne, j'ai encore une troisième et dernière condition à te faire connaître.

— Oh! laquelle, maman? s'écria Albertine avec une petite moue d'impatience;
dites vite, je vous prie; d'ailleurs je m'y
soumets d'avance...

— Non, non, reprit la mère avec calme;
je ne veux pas te prendre en traître, et je
tiens à ce que tu te pénètres bien des termes

de cette condition, qui n'est, du reste, que la sanction des deux autres. La voici : tous les dimanches Mme Arnoux et moi nous t'examinerons sur ton travail de la semaine. Si ton application s'est soutenue, s'il y a progrès, tu passeras la journée entière avec Suzanne ; nous ferons avec elle quelque jolie partie de campagne, comme tu les aimes. Mais si nous remarquons qu'il y a négligence et absence de progrès, Suzanne cessera dès lors ses visites et ses leçons ; je t'enverrai loin d'ici, dans un couvent, où tu seras soumise à une règle et à une discipline sévères, jusqu'à ce que tu te décides enfin à recevoir l'instruction et l'éducation qui conviennent à une fille bien née. »

Albertine parut un peu déconcertée en entendant ces menaces de sa mère, son assurance de tout à l'heure était sur le point de l'abandonner, quand Mme Arnoux la releva par ces paroles encourageantes : « Je suis persuadée, Madame, que vous n'aurez nullement besoin de recourir à ces extrémités : Albertine, docile à vos conseils, priera Dieu de la soutenir dans son entreprise, et je vous garantis qu'elle réussira au gré de vos désirs.

— Oh! oui, maman, s'écria Albertine avec un accent qui partait du cœur, je vous promets de faire tous mes efforts pour vous contenter.

— C'est bien, ma fille; je crois à la sincérité de ta promesse, et lors même que tu n'obtiendrais pas tous les succès que je souhaite, si je reconnais en toi de la bonne volonté, tu peux être assurée que je t'en tiendrai largement compte. Maintenant que nous voilà d'accord, et que nous sommes convenues de nos faits, je vais envoyer Justine, la femme de chambre, chercher ton amie, ou plutôt ta petite institutrice.

— Oh! quel bonheur! merci mille fois, petite mère.

— C'est inutile, Madame, de déranger Justine, reprit Mme Arnoux, je vais aller moi-même chercher ma fille. Je tiens à lui annoncer la première cette bonne nouvelle; puis je désire lui donner quelques instructions préparatoires sur le nouveau rôle qu'elle est appelée à remplir. »

Mme Arnoux partit aussitôt. Une heure après, elle revenait au château avec Suzanne. Celle-ci, après avoir tendrement embrassé sa petite amie, commença immédiatement sa première leçon.

Le succès de la petite institutrice dépassa les espérances des deux mères. Sans entrer dans aucun détail, il nous suffira de dire qu'en moins d'un mois Albertine avait fait des progrès qui émerveillaient ses parents.

Heureuse de ce résultat inespéré, la comtesse pria Mme Arnoux de s'associer avec elle pour continuer en commun l'éducation de leurs enfants. Celle-ci y consentit avec plaisir; elles se partagèrent la besogne de manière que l'une fut chargée de l'enseignement religieux et littéraire, et l'autre des travaux d'aiguille et des arts d'agrément.

A partir de ce moment, les deux jeunes filles reçurent donc ensemble leurs leçons, soit de la comtesse, soit de Mme Arnoux Suzanne faisait les fonctions de *répétiteur* envers sa petite amie, et, grâce à ce moyen d'excitation et d'encouragement, celle-ci n'éprouva pas trop de défaillances, et ses progrès continuèrent à être assez sensibles. Albertine se perfectionna ainsi dans la lecture et l'écriture; elle apprit les premiers éléments de la religion, de l'histoire sainte, de la grammaire, quelques notions de géographie et d'histoire de France, les principes de la musique vocale, du piano et du dessin; enfin, un peu de couture et de broderie.

Ces travaux, comme on le pense bien, étaient variés et entremêlés de récréations et d'amusements, qui, tout en reposant l'esprit des enfants, développaient leurs forces physiques et contribuaient à leur santé.

Elles cheminèrent ainsi jusqu'à l'âge de neuf à dix ans, heureuses de vivre auprès l'une de l'autre, sous les yeux de leurs parents bien-aimés; exemptes de tout souci, de toute inquiétude, elles goûtaient dans sa plénitude ce bonheur de l'innocence, hélas! si fugitif, qui n'appartient guère qu'aux premières années et dont on ne connaît le prix que lorsqu'on l'a perdu.

Vers cette époque, un événement inattendu, du moins de la part des deux enfants, vint troubler cette existence paisible, en séparant brusquement les deux amies.

Nous allons voir, dans le chapitre suivant, les causes qui amenèrent cette séparation.

CHAPITRE III

La comtesse douairière d'Ernouville n'avait pas reparu au château depuis qu'elle l'avait quitté dans les circonstances que nous avons rapportées à la fin du premier chapitre de cette histoire. Elle avait résisté aux lettres pressantes que son fils et sa bru lui adressaient pour l'engager à venir passer au moins la belle saison auprès d'eux. « Quand vous viendrez, répondait-elle, passer l'hiver avec moi à Paris, j'irai avec vous l'été à la campagne. »

Son fils alla plusieurs fois la voir à Paris et en Normandie, où elle possédait un château, pour renouveler de vive voix son invitation. Elle lui fit l'accueil le plus gracieux, demanda avec beaucoup d'intérêt des nouvelles de sa bru et de sa petite-fille; mais elle resta inflexible quant au refus de retourner au château d'Ernouville.

« Si vous voyiez, lui disait son fils, comme Albertine a grandi, comme elle est devenue intéressante et gentille! je suis sûr que vous l'aimeriez.

— Je l'aime déjà bien tendrement, je vous le jure, et j'aurai le plus grand plaisir à la voir... lorsque vous me l'amènerez. »

Il ne put jamais en obtenir d'autre réponse. Le comte, ne voulant pas mécontenter sa mère, promit de lui amener sa petite-fille à son château de Normandie, aussitôt que la douairière y serait installée. On ne pouvait songer à la faire voyager en ce moment, à cause de la rigueur de la saison et de la délicatesse de l'enfant.

Elle n'avait alors que six ans, et elle venait d'avoir la rougeole.

Mais la douairière, au lieu d'aller cette année-là en Normandie, partit pour l'Écosse, où elle possédait de grands domaines de son chef, et où l'appelaient de graves intérêts. Elle resta trois ans dans ce pays, pour suivre un procès important, et elle ne revint en France qu'après l'avoir heureusement terminé par une transaction.

Pendant son absence, elle avait entretenu une correspondance suivie avec son fils. Elle avait par conséquent appris les progrès qu'Albertine avait faits dans ses premières études. Elle répondit à ce sujet au comte Albert : « Je suis fort contente de ce que vous me dites de ma petite-fille ; je vois avec grand plaisir qu'elle a d'heureuses dispositions, et je crois le moment venu de les cultiver d'une manière convenable, afin qu'elles puissent acquérir tout leur développement.

« Vous n'avez pas intention, je le sais, d'achever son éducation dans le fond d'une province; d'ailleurs cela serait impossible dans le pays que vous habitez. C'est très bien que sa mère ait un peu débrouillé ses idées, et lui ait enseigné les premiers éléments des connaissances qui conviennent à une femme; mais à mon avis, elle ne doit pas aller plus loin : non que je doute de son instruction ni de sa capacité, mais parce que cette éducation maternelle, tout intérieure, toute solitaire, fort suffisante sans doute pour de petites bourgeoises, ne saurait convenir à une jeune personne destinée à tenir un rang élevé dans la société. Il est donc temps que vous placiez votre fille dans un de ces grands pensionnats de Paris, où elle ne trouvera que des compagnes appartenant à de bonnes familles comme la sienne. Plus tard elle se corrigerait difficilement de ces habitudes provinciales qu'elle a dû nécessairement contracter par un séjour trop prolongé à la campagne, tandis que maintenant elle les perdrait facilement au contact de jeunes personnes habituées au ton et aux manières du grand monde.

« Je pense que cette fois vous ne dédaignerez pas mes conseils, sans quoi nous nous fâcherions sérieusement. Je compte être à Paris vers la fin d'octobre, et j'espère vous y trouver installé à mon arrivée avec votre femme et ma chère Albertine. »

M. et Mme d'Ernouville étaient loin de partager toutes les idées de la douairière sur l'éducation des jeunes filles de grande famille. Cependant ils avaient depuis longtemps reconnu la nécessité de compléter l'éducation de leur enfant, soit en lui donnant une gouvernante spéciale et des maîtres distingués, qui instruiraient leur fille sous les yeux de sa mère, soit en la plaçant dans un couvent ou dans un pensionnat. La comtesse penchait pour le premier mode, qui lui permettait d'avoir toujours sa fille auprès d'elle et de voir s'achever son éducation au sein de sa famille.

Son mari était d'un autre avis. D'accord en cela avec sa mère, il prétendait que l'éducation du pensionnat valait mieux.

Mme d'Ernouville céda, car elle n'avait pas l'habitude de contredire son mari; seulement elle manifesta le désir, puisqu'il était décidé que sa fille irait en pension, que ce fût dans un couvent, afin qu'elle reçût une éducation plus religieuse.

« Non, non, s'écria le comte; dans un couvent l'éducation est trop religieuse; je n'ai que cette enfant, et je ne veux pas qu'un jour elle soit entraînée à prendre le voile.

— J'ai été élevée dans un couvent, reprit la comtesse, et je vous certifie que si la religion y est la base de l'éducation, jamais on ne m'a dit un mot, soit directement, soit d'une manière détournée, pour m'engager à entrer dans le cloître.

— C'est possible, mais il y a des exemples du contraire, et je ne veux pas m'exposer à être à jamais séparé de ma fille par une grille de parloir. Elle entrera dans le pensionnat de Mesdames M***, renommé pour sa bonne tenue, et qui reçoit des élèves des meilleures familles de France, d'Angleterre et d'Écosse. Ce pensionnat m'a été désigné par ma mère, et je la contrarierais si j'en choisissais un autre. D'ailleurs vous le connaissez, et vous savez que là aussi la religion y est la base de l'éducation. »

La comtesse n'insista pas, elle acquiesça au désir de son mari avec d'autant plus de facilité qu'elle ne voulait pas se mettre de nouveau en contradiction avec sa belle-mère, qui plus d'une fois avait donné à entendre que c'était par suite des caprices de sa bru qu'elle s'était si longtemps privée de la société de son fils.

Lorsque tout eut été arrêté ainsi, on fit part à Albertine de ce grand projet; on lui annonça qu'on allait partir dans quelques jours pour Paris, où elle verrait sa grand'-mère, dont on lui parlait si souvent et qui désirait tant la connaître. On lui fit un tableau brillant des belles choses qu'elle verrait dans la capitale, des riches cadeaux qu'elle recevrait en magnifiques poupées et en jouets de toute espèce.

Albertine fut enchantée; car le changement et la nouveauté plaisent toujours aux enfants. Mais, après quelques démonstrations bruyantes de sa joie, elle s'écria tout à coup : « Quand j'aurai de ces belles poupées et de ces brillants joujoux dont vous me parlez, oh! comme nous allons nous amuser, nous deux Suzanne!

— Mais, ma fille, dit le comte, il n'est pas question de Suzanne ; elle reste avec son papa et sa maman, et elle ne peut pas venir avec nous à Paris ; tu la reverras quand nous reviendrons ici passer les vacances.

— Comment ! Suzanne ne vient pas avec nous ! s'écria l'enfant le cœur gros, et près de verser des larmes, je n'aurai donc personne pour s'amuser avec moi ?

— Tu te trompes, ma fille ; tu auras, au contraire, une foule de petites camarades de ton âge, avec lesquelles tu joueras aussi bien qu'avec Suzanne.

— Non, non, ce n'est pas possible ; je ne les connais pas ces demoiselles, et je ne veux pas jouer avec elles. Je ne connais que Suzanne, je ne veux jouer qu'avec Suzanne ; et si vous ne l'emmenez pas avec moi, j'aime mieux rester ici avec elle que d'aller sans elle à Paris. »

Nos jeunes lectrices ont pu remarquer déjà que la petite Albertine était passablement entêtée. Peut-être ce défaut lui avait-il était transmis comme faisant partie de l'héritage paternel; car nous avons pu remarquer aussi que ce même défaut existait à un degré assez prononcé chez son père et chez sa grand'mère paternelle. Quoi qu'il en soit, il ne fut pas possible de lui faire entendre qu'il fallait se séparer de Suzanne.

Après avoir épuisé tous les moyens de persuasion, les deux époux ne savaient comment dompter cette volonté de fer, dans laquelle le père voyait peut-être avec un secret plaisir un trait de ressemblance de plus avec son caractère, comme on aime quelquefois à constater sur le corps de ses enfants un signe particulier, un défaut même de régularité dans certains traits, mais qui, existant aussi chez les parents, est en quelque sorte la marque indélébile de leur origine.

Après avoir réfléchi quelque temps, le comte dit à sa femme : « Peut-être serait-il prudent de céder au désir de cette enfant. Suzanne exerce sur elle une influence immense ; nous en avons eu la preuve quand il s'est agi de faire apprendre à lire et à écrire à Albertine. Je pense donc que cette influence salutaire pourrait s'exercer utilement pendant le reste de l'éducation de notre enfant. Pour cela, il suffirait que Suzanne devînt sa compagne de pension comme elle a été jusqu'ici sa camarade d'enfance. Je pense que nous pourrions aisément déterminer ses parents à consentir à cet arrangement, d'autant plus que j'entendrais payer tous les frais de pension, de voyage, de trousseau de leur enfant.

— Votre idée me paraît excellente, répondit la comtesse, et j'y ai déjà plus d'une fois songé ; mais ce qui m'a empêchée jusqu'ici de vous en parler, c'est que je crains qu'elle ne soit point adoptée par M. et Mᵐᵉ Arnoux.

— Et quel motif peut vous inspirer cette crainte ?

— D'abord parce que je connais la délicatesse du docteur et de sa femme. Ils regarderaient peut-être comme une humiliation l'offre qu'un étranger leur ferait de se charger des frais d'éducation de leur enfant. D'un autre côté, comme une pareille dépense les gênerait (car, entre nous, ils sont loin d'être à leur aise), ils ne voudraient pas placer leur fille dans un établissement dont la pension est d'un prix trop élevé pour leurs moyens.

— Je conçois le scrupule dont vous parlez ; il s'était aussi présenté à mon esprit ; mais je ne m'y suis point arrêté, parce que si le docteur le manifestait, j'espère facilement en triompher. Qu'une pareille offre, de la part de tout autre, ait quelque chose d'humiliant pour lui, je le concevrais ; mais dans les termes où nous en sommes le docteur et moi, mon offre ne saurait avoir ce caractère à ses yeux. En effet, depuis plus de dix ans que je le connais et que j'ai su l'apprécier, nous vivons dans une intimité étroite, que rien n'a jamais altérée, parce qu'elle est fondée sur une estime réciproque. Il m'a rendu les plus grands services avec le plus parfait désintéressement : c'est à lui que je dois l'amélioration de ma propriété, ce qui en a presque doublé la valeur ; c'est à lui que je dois l'assainissement des environs de ce château, ce qui nous a permis de l'habiter en toute sécurité pendant des années, tandis qu'autrefois à peine pouvait-on y séjourner quelques mois impunément. Il ne m'a ménagé ni ses conseils, ni son temps, ni sa peine, et jamais il n'a voulu recevoir de moi le moindre cadeau à titre de dédommagement. « Je ne suis pas ingénieur, me disait-il en souriant, et je ne puis en conscience accepter un salaire pour des travaux qui ne sont pas de mon métier. Ah! si jamais vous m'appelez comme médecin, ce sera différent, et je vous préviens que vous payerez comme un grand seigneur mes visites et mes consultations. » Nous n'avons jamais eu besoin de ses services sous ce rapport. Quant aux autres, je suis toujours resté son débiteur, et plus d'une fois je lui ai répété que je serais heureux de trouver une occasion de m'acquitter envers lui. Eh bien, cette occasion se présente aujourd'hui, et il ne saurait m'empêcher d'en profiter sans montrer une susceptibilité dont il est certainement incapable.

— A ce point de vue, reprit la comtesse, je crois qu'effectivement votre offre ne saurait blesser M. Arnoux; car enfin il ne peut pas vous forcer à être toujours son obligé. Puis il y a encore une considération à faire valoir : c'est qu'au fond l'offre que vous lui faites n'est pas gratuite ; c'est un véritable service que vous lui demandez, puisque c'est dans l'intérêt de notre enfant : car c'est afin qu'elle ne se trouve pas isolée au milieu de ses nouvelles compagnes, avec lesquelles elle s'accoutumerait bien difficilement si elle était seule ; c'est afin surtout que Suzanne excite son émulation par son exemple, qu'elle l'aide de ses conseils et qu'elle continue enfin à exercer sur Albertine cette influence qui lui a été si profitable jusqu'ici.

— Vous avez raison, reprit le comte ; cette considération me paraît même plus puissante que la première ; du reste, je les présenterai toutes deux. J'espère que cela ne souffrira aucune difficulté, et que, dans l'intérêt de leur enfant, ils se garderont bien de laisser échapper cette occasion de lui donner une éducation aussi brillante que complète. »

Bien convaincus tous deux que leur projet ne pouvait manquer de réussir, dans l'impatience d'en faire part à M. et à Mᵐᵉ Arnoux, ils n'attendirent pas l'heure à laquelle ceux-ci venaient ordinairement au château; ils se rendirent eux-mêmes chez eux, pensant d'ailleurs qu'il était plus convenable de les prévenir par cette démarche.

Malgré l'intimité qui régnait entre les deux familles, le comte et la comtesse allaient rarement chez le docteur, tandis que celui-ci, sa femme et sa fille venaient tous les jours au château. Aussi, en les voyant arriver, Mᵐᵉ Arnoux fit-elle une exclamation de surprise.

Après les premiers compliments d'usage, le comte entra immédiatement en matière et exposa simplement et brièvement l'objet de sa visite, insistant surtout sur cette considération, que c'était un service d'ami qu'il demandait à un ami; que l'offre de payer la pension de Suzanne n'était à ses yeux qu'un dédommagement insignifiamt de ce service signalé, et que lui, ainsi que la comtesse sa femme seraient encore leurs obligés.

Le docteur l'écouta avec attention, en le remerciant chaleureusement de cette nouvelle marque de bienveillance et d'amitié qu'il lui donnait, mais cependant sans répondre d'une manière positive à sa demande. Comme le comte le pressait de s'expliquer, M. Arnoux répondit : « La demande que vous venez de m'adresser avec tant de cordialité a certes de quoi éblouir ; cependant, comme elle a une grande importance pour l'avenir de mon enfant, je ne saurais décider à l'improviste une question de cette nature ; permettez-nous d'y réfléchir mûrement, ma femme et moi, et ce soir nous irons vous porter notre réponse. »

Cette demande était trop juste pour qu'on

insistât; d'ailleurs l'accueil qu'avaient fait les deux époux à la proposition du comte faisait présumer que leur réponse ne pouvait être que favorable.

Ils ne tardèrent pas à reconnaître leur erreur.

Le docteur se rendit seul au château, à l'heure convenue, et d'une voix où perçait une émotion difficilement contenue, il commença par dire que sa femme et lui avaient été on ne peut plus touchés de la proposition que leur avaient faite M. et Mme d'Ernouville; qu'ils la regardaient comme la preuve la plus éclatante de l'affection dont leurs nobles voisins voulaient bien les honorer, et qu'ils en conserveraient à jamais une profonde reconnaissance; mais qu'après un examen sérieux, réfléchi, des avantages et des inconvénients que l'acceptation de cette proposition pourrait avoir pour l'avenir de leur enfant, ils avaient reconnu que les inconvénients l'emportaient de beaucoup sur les avantages, et qu'en conséquence ils s'étaient décidés, à leur grand regret, à ne pas accepter l'offre généreuse qui leur était faite.

— Dites plutôt, Monsieur, reprit vivement la comtesse d'un air un peu contrarié, que vous, et surtout votre femme, vous ne pouvez vous décider à vous séparer de votre enfant. Ce sentiment, je le comprends, parce que je suis mère, et j'avoue que si j'étais obligée de me séparer complètement de ma fille, de ne plus la voir pendant des semaines, des mois entiers, j'aurais peut-être hésité; cependant je crois qu'en réfléchissant qu'il s'agissait de son bien, de son avenir, j'aurais fini par triompher de ce sentiment assez naturel, mais, permettez-moi de le dire, un peu égoïste.

— Pardon, Madame, nous n'avons pas songé un instant, ma femme et moi, à dissimuler ce sentiment si naturel, comme vous le dites, au cœur d'un père et surtout d'une mère. Sans doute il nous serait bien pénible de nous séparer de notre enfant; mais cette considération ne serait que tout à fait secondaire quand il s'agirait du bonheur à venir de notre fille, et nous n'aurions pas hésité à faire ce sacrifice, si nous eussions été convaincus qu'il pouvait lui être avantageux.

— Ah! vous ne me ferez pas facilement comprendre en quoi l'éducation que recevrait votre enfant dans le même pensionnat de Paris où je placerai ma fille pourrait lui être nuisible : en ce cas, d'après vous, nous aurions tort d'y faire élever Albertine.

— Je suis loin d'avoir cette pensée; j'approuve, au contraire, de tout point l'éducation que vous voulez faire donner à Mlle Albertine; mais ce n'est pas une raison pour que cette éducation convienne à Suzanne. J'ai pour principe que l'éducation des jeunes filles doit être en rapport avec leur position sociale. Rien de plus naturel, de plus convenable que Mlle d'Ernouville, destinée par sa naissance et sa fortune à occuper un rang élevé dans la société, reçoive une instruction et une éducation qui la préparent au rôle qu'elle doit jouer dans le monde. Quant à Suzanne Arnoux, fille d'un pauvre médecin de village et d'une petite bourgeoise campagnarde, comme elle est destinée à vivre dans l'obscurité, et, si elle se marie, à épouser un homme de sa condition, elle doit avant tout acquérir les connaissances indispensables à cette condition. Parmi ces connaissances je pose en première ligne une science beaucoup trop négligée aujourd'hui dans l'éducation des jeunes personnes, je veux parler de l'économie domestique, de cette science qui apprend à une jeune fille, à une jeune femme à veiller avec un soin attentif sur l'intérieur de sa maison, et à y entretenir la régularité, l'ordre et la propreté, qui sont le luxe des fortunes médiocres. On n'enseigne cette science ni dans les pensionnats de Paris, ni dans les pensionnats de province; on y élève les jeunes personnes comme si toutes devaient être de grandes dames, et aucune des femmes de ménage; et cependant, comme le dit Montaigne dans son vieux langage : « La plus utile et honorable science à une mère de famille, c'est la science du ménage. » Or, comme nous tenons essentiellement à ce que notre fille devienne une bonne ménagère, voilà pourquoi nous n'avons jamais eu l'intention de la mettre dans un pensionnat, et que sa mère s'est réservé de lui donner des leçons d'économie domestique ainsi que des autres connaissances convenables à son sexe et à sa fortune.

— Savez-vous, mon cher docteur, reprit la comtesse, que vous n'êtes guère de votre siècle, où l'on tend sans cesse à confondre toutes les conditions sociales. D'après votre système, personne ne devrait chercher à sortir de sa sphère. Cependant, quoiqu'au fond je ne sois pas éloignée de partager votre opinion, il faut convenir que dans le bouleversement général qui s'est opéré depuis la fin du siècle dernier, des talents remarquables ont surgi des bas-fonds de la société pour s'élever aux premiers rangs.

— Permettez, Madame, je n'ai entendu parler ici que de l'éducation des femmes. Quant aux hommes, c'est une autre question que je n'entreprendrai pas de traiter ici. Je dirai seulement que je suis loin de blâmer les jeunes gens qui cherchent par des travaux soutenus et des études sérieuses à s'élever au-dessus de leur sphère. Cette noble émulation a produit sans doute d'heureux résultats, mais aussi de cruelles déceptions. A côté de ceux, en petit nombre,

qui ont conquis les premiers rangs dans la
magistrature, dans l'armée, dans le barreau,
dans l'administration, dans les sciences,
dans les lettres et dans les arts; à côté même
de ceux qui, plus nombreux, sont encore
parvenus à y occuper des rangs secondaires,
combien compte-t-on d'êtres déclassés à
charge à eux-mêmes et à la société, et qui
regrettent amèrement d'avoir quitté la charrue ou l'atelier paternel, pour aspirer à une
position qu'ils ne pourront jamais atteindre!
Si le sort de ces jeunes gens est à plaindre,
combien ne l'est pas davantage celui des
jeunes personnes qui n'ont pour toute fortune qu'une brillante éducation! Au moins
les jeunes gens qui n'ont pu parvenir au but
qu'avait rêvé leur ambition peuvent encore,
pour peu qu'ils aient de courage et de bonne
volonté, trouver à se caser dans une foule
de places et d'emplois subalternes que leur
offrent le commerce, l'industrie, la finance

et les administrations publiques ou particulières. Mais quelle ressource trouve une jeune fille sans fortune pour utiliser les talents qu'elle a acquis et l'éducation qu'elle a reçue? Quelle place, quel emploi peut-elle remplir? Celui d'institutrice dans une maison particulière ou de sous-maîtresse dans un pensionnat, c'est-à-dire une espèce de domesticité un peu plus relevée, mais presque aussi humiliante que celle d'une femme de chambre. Non, je n'envie pas ce sort pour ma fille, et j'aimerais mieux la voir épouse d'un simple fermier de nos campagnes que d'user sa vie dans ces tristes fonctions.

— Mais, reprit la comtesse, n'y aurait-il donc que ce genre d'emploi à donner à votre fille? D'ailleurs, croyez-vous que nous l'abandonnerions, et surtout qu'Albertine abandonnerait son amie, sa compagne d'enfance?

— Je ne doute, Madame, ni de votre cœur, ni de celui de M⁽ˡˡᵉ⁾ Albertine ; et si ma femme et moi nous nous trouvions par une cause quelconque dans l'impossibilité de veiller sur notre enfant, c'est avec la plus entière confiance que nous la placerions sous votre tutelle bienveillante ; mais, puisque Dieu nous donne la possibilité de lui donner l'éducation qui lui convient, nous ne devons pas abandonner à d'autres ce soin, qui est le premier devoir des parents. »

M⁽ᵐᵉ⁾ d'Ernouville s'apprêtait à répondre, quand son mari prit la parole en s'adressant à elle : « N'insistez pas, Madame ; le docteur a raison, et je me range à son avis. Oui, je reconnais que si j'étais à sa place, je parlerais et j'agirais comme lui. Ainsi, n'en parlons plus ; la résistance d'Albertine n'est qu'un enfantillage dont nous aurons facilement raison avec un peu de fermeté. Que ce petit incident, ajouta le comte en tendant la main au docteur, n'altère en rien notre vieille amitié. »

Le docteur prit la main qu'on lui présentait, et la serra avec effusion ; puis il fit un profond salut à la comtesse, et il se retira.

Le départ de la famille d'Ernouville était fixé au lendemain. Il fallut, pour apaiser les cris d'Albertine, qui ne voulait absolument pas partir sans Suzanne, que celle-ci vînt lui faire ses adieux, et lui promettre qu'elle irait bientôt la voir à Paris.

SECONDE PARTIE

CHAPITRE I

Douze ans se sont écoulés depuis les événements racontés dans la première partie de cette histoire. Nous allons indiquer sommairement les principaux changements qui ont eu lieu, pendant un si long espace de temps, parmi les personnages qui ont figuré dans notre récit.

Le docteur Arnoux est mort depuis deux ans ; mais un an avant cet événement, il a eu la consolation de marier sa chère Suzanne à un jeune homme dont la bonne conduite et les antécédents lui offraient des garanties suffisantes pour pouvoir, en toute sûreté, lui confier le bonheur de sa fille.

Ce jeune homme, nommé Octave Auvray, était un cousin issu de germain de la femme du docteur. Son père, un des propriétaires aisés du pays, le destinait à la magistrature, ou au barreau, ou à un emploi quelconque dans l'administration. Il lui avait fait donner une éducation propre à lui ouvrir l'une ou l'autre de ces carrières. Après des dépenses considérables qui avaient occasionné une certaine gêne à sa famille, Octave avait terminé son droit, et passé avec succès sa thèse de licencié et même de docteur. Mais la perspective d'obtenir un emploi quelconque semblait s'éloigner à mesure qu'il acquérait les connaissances nécessaires pour le remplir.

Sur ces entrefaites, le père Auvray vint

à mourir, et laissa à son fils une succession passablement embarrassée. Octave revint à Ernouville pour mettre ordre à ses affaires, et ce fut alors que ses relations se nouèrent, ou plutôt se resserrèrent, avec le docteur Arnoux.

Quand il eut liquidé la succession paternelle et payé toutes ses dettes, Octave s'aperçut qu'il ne lui restait plus qu'une fortune au-dessous du médiocre, insuffisante pour le faire vivre honorablement, quand même il obtiendrait le modeste emploi de substitut ou de conseiller de préfecture qu'il sollicitait en vain depuis longtemps.

Il consulta le docteur sur le parti qu'il devait prendre.

« Est-ce que vous tenez beaucoup, lui dit celui-ci, à obtenir un emploi du gouvernement?

— Pas précisément; mais il faut bien que

j'aie une occupation quelconque, je suis trop jeune pour rester oisif.

— Et qui vous parle de rester oisif? ce n'est certes pas moi qui vous le conseillerais, quand même vous auriez les revenus du comte d'Ernouville; mais croyez-vous qu'il n'y ait pas un moyen d'employer votre activité d'une manière tout aussi honorable, plus lucrative, et surtout plus indépendante que dans une place du gouvernement?

— Oh! si ce moyen existe, je ne demande pas mieux que d'y avoir recours; faites-moi connaître, je vous prie, en quoi il consiste; car j'ai beau chercher, je ne le devine pas.

— Ce moyen est facile; il consiste simplement à vous mettre vous-même à la tête de l'exploitation de ce qui vous reste de vos biens. Par là vos revenus seront doublés, et comme vos dépenses seront moindres, vous aurez bientôt comblé le déficit qu'ont occasionné les frais de votre éducation.

— Votre idée me plairait assez ; je n'y vois qu'une difficulté : c'est que je n'ai pas les connaissances nécessaires pour faire un bon agriculteur. D'un autre côté, n'est-ce pas quelque chose de triste de penser que j'aurai perdu les plus belles années de ma jeunesse à acquérir une science qui me serait désormais inutile?

— La difficulté dont vous parlez n'est pas sérieuse : avec un peu de bonne volonté et d'étude vous en triompherez facilement. Moi, qui vous parle, j'étais plus étranger que vous à la science agronomique, quand je suis venu m'établir dans ce pays, et cependant j'y ai fait en peu de temps des progrès rapides. Vous pourrez facilement en faire autant ; et d'ailleurs je serai toujours disposé à vous aider de mes conseils lorsque vous en aurez besoin. Quant à l'étude que vous avez faite du droit, ne croyez pas qu'elle vous soit inutile. Elle vous donnera une grande considération dans le pays; vous serez bientôt l'arbitre, le conciliateur des différends qui s'élèvent trop souvent entre les habitants de ce pays : vous préviendrez ainsi ou vous arrêterez des procès ruineux, que l'esprit de chicane de certains avocats de village et de prétendus gens d'affaires entretiennent parmi nos paysans. Sous ce rapport, vous ne pouvez vous imaginer le bien immense que vous pouvez faire à ce canton. C'est un grand malheur, ajouta-t-il en finissant, que la plupart de nos jeunes gens ne songent qu'à se lancer dans la carrière déjà si encombrée des emplois publics, tandis qu'ils négligent la science de l'agriculture, la plus belle, la plus utile des sciences, et qui donne à ceux qui la cultivent les jouissances les plus pures et les résultats les plus avantageux. Puissé-je, mon cher ami, vous déterminer à embrasser désormais cette science, et j'espère que vous et moi nous compterons ce jour comme un des plus heureux de notre vie ! »

Octave se laissa persuader, et il se mit résolument à l'œuvre. Bientôt ses succès dépassèrent ses espérances et celles du docteur; alors le jeune homme demanda à celui-ci la main de sa fille, et le bon docteur, qui avait étudié avec soin son caractère et ses bonnes qualités, s'empressa de la lui accorder.

Le mariage fut célébré le jour même où Suzanne atteignait sa dix-huitième année. Le lendemain, le docteur reçut une lettre de faire part ainsi conçue :

« M. le comte Albert d'Ernouville et M™⁰ la comtesse douairière d'Ernouville, née O'Guerty, ont l'honneur de vous faire part du mariage de Mlle Albertine d'Ernouville, leur fille et petite-fille, avec M. le marquis de Valbois, vicomte d'Ernouville. »

Nos jeunes lectrices remarqueront que le nom de la mère d'Albertine ne figure pas dans cette lettre : elle était morte huit à neuf ans auparavant, et lorsque sa fille atteignait à peine sa douzième année.

Le docteur Arnoux, en lisant cette lettre à sa femme, lui dit : « Allons, voilà les deux anciennes camarades d'enfance mariées le même jour. Il faut espérer que le sacrement donnera à Albertine un peu plus de sérieux et d'aplomb; car, la dernière fois que j'ai vu son père à Paris, il se plaignait que sa fille, qui avait alors seize ans, fût encore aussi étourdie, aussi enfant, que quand elle avait quitté le château d'Ernouville.

— La pauvre enfant, reprit Mme Arnoux, est peut-être plus à plaindre qu'à blâmer.

La perte de sa mère, dans un âge aussi tendre, a été pour elle un malheur irréparable; elle s'est trouvée sans guide, sans appui, jetée au milieu d'un monde frivole qui s'amusait de ses défauts au lieu de chercher à les corriger. Son père, que le chagrin d'avoir perdu sa femme avait presque rendu fou, s'était mis à voyager à travers toute l'Europe pour se distraire de sa douleur, tandis qu'il avait abandonné sa fille à la tutelle de sa mère, la douairière d'Ernouville; et vous savez comme moi si cette femme hautaine était capable de servir de guide à une jeune fille du caractère d'Albertine.

— Oui, je le sais, et je sais aussi que le premier acte qu'elle fit de son autorité envers sa petite-fille fut de lui défendre toute correspondance avec Suzanne, ce qui n'a pas peu affligé celle-ci, tandis qu'Albertine paraît s'en être consolée aisément.

— Ce n'est pas étonnant : Albertine avait bien d'autres sujets de distraction que Suzanne...

— Oui, interrompit en souriant le docteur, cela est vrai ; mais ce qui est vrai aussi et que vous pourriez ajouter, c'est que Suzanne avait un meilleur cœur qu'Albertine. Du reste, je ne vous blâme pas de défendre votre ancienne élève.

— Je la défends parce qu'elle est malheureuse d'avoir perdu sa mère, et que je suis persuadée que, sans cela, elle n'aurait pas commis la faute qu'on lui reproche peut-être avec trop de sévérité. Connaissez-vous ce marquis de Valbois qu'elle épouse ?

— Je ne le connais pas personnellement ; mais le comte d'Ernouville m'en a parlé dans notre dernière entrevue. Il paraît qu'il est allié à leur famille, et qu'il jouit d'une fortune considérable. Ce mariage était depuis longtemps décidé entre les grands parents, et l'on attendait pour le célébrer qu'Albertine eût atteint sa dix-septième année. Comme la branche mâle des d'Ernouville s'éteindrait par la mort du comte Albert, on est convenu que le second fils qui naîtrait de ce mariage porterait le titre de comte d'Ernouville, et que le marquis, en se mariant, ajouterait à son titre celui de vicomte d'Ernouville.

— En voilà des titres de marquis, de comte, de vicomte! sans parler de l'immense fortune des deux époux. Cela a dû faire une somptueuse cérémonie qui a mis tout le faubourg Saint-Germain en émoi. Quelle différence avec le mariage tout simple de M. Octave Auvray, propriétaire cultivateur, avec demoiselle Suzanne Arnoux, fille mineure de M. Arnoux, docteur médecin!

— Et de ces deux mariages, reprit en souriant le docteur, lequel pensez-vous qui sera le plus heureux?

— Oh ! je désire de tout mon cœur, et je prie Dieu qu'ils le soient tous les deux !

— Je fais les mêmes vœux que vous, et j'avoue qu'il serait téméraire de répondre d'une manière positive à la question que je vous adressais ; car, malgré toutes les apparences plus ou moins favorables, nul ne peut se flatter de prévoir un pareil avenir. Cependant, si j'en crois mes pressentiments, le mariage du noble marquis avec la noble comtesse sera loin d'être aussi heureux que celui du petit propriétaire cultivateur avec la fille du médecin du village. »

Au bout d'un an le docteur put voir s'accomplir ses pressentiments. On parlait de brouille et même de séparation dans le ménage du marquis et de la marquise de Valbois, tandis qu'aucun nuage n'avait encore altéré l'union d'Octave et de Suzanne, et que celle-ci, le jour anniversaire de son mariage, donnait le jour à un garçon.

Le docteur fut parrain de son petit-fils. Il était rayonnant de joie, et semblait être rajeuni. Les fêtes du baptême étaient à peine terminées, qu'un malheur affreux vint frapper cette famille jusque-là si heureuse. Le docteur Arnoux, qui semblait jouir d'une excellente santé, mourut presque, subitement par suite de la rupture d'un anévrisme.

Cet événement, qui jeta la désolation dans la famille du docteur, fut une véritable calamité pour le pays. Si quelque chose pouvait consoler de la perte d'un mari, d'un père bien-aimé, sa veuve, sa fille et son gendre auraient pu trouver des consolations dans les regrets universels qu'excita la mort de cet homme de bien. Les pauvres le pleuraient comme leur bienfaiteur, les riches comme un ami dévoué, toujours prêt à rendre service ; son éloge était dans toutes les bouches, et la considération qui s'attachait à sa mémoire était le plus bel héritage qu'il eût laissé à sa famille.

Nous disons le plus bel héritage, et ceci peut s'entendre à la lettre ; car, sous le rapport de la fortune, il ne laissait guère à sa femme et à sa fille que le bien qui leur était propre, et qui provenait de la succession de son beau-père. Quant à son patrimoine personnel, nous avons vu qu'il l'avait considérablement diminué dans ses essais et ses travaux d'assainissement, lorsqu'il s'était établi dans le pays ; et quoiqu'il eût amélioré ce qui lui restait, il ne lui avait jamais rendu une valeur égale aux dépenses qu'il avait faites primitivement. Il est vrai qu'il y serait facilement parvenu, s'il eût voulu mettre de côté ou placer d'une manière avantageuse le superflu de ses revenus ; mais ce superflu était dans sa pensée le patrimoine des pauvres ; il l'employait entièrement en actes de bienfaisance et de charité; et il se plaignait encore de son insuffisance à soulager toutes les misères que sa générosité aurait voulu secourir.

Sous le rapport matériel, la mort du docteur n'apporta pas de changement notable dans la situation de sa veuve et de sa fille. M. Auvray, docile aux conseils de son beau-père, était devenu un agriculteur distingué. Ses travaux intelligents avaient notablement amélioré son patrimoine : devenu maintenant chef de famille, il avait pris en main l'administration des biens de sa belle-mère et de sa femme, et soit qu'il apportât dans cette administration plus d'ordre et d'économie que le docteur lui-même, soit aussi que les revenus de son propre patrimoine eussent augmenté le bien-être général, il en résulta que la famille jouit de plus d'aisance qu'auparavant, tout en continuant les bonnes œuvres de son chef regretté. Aussi disait-on dans le peuple, que si le docteur était mort, son esprit était resté vivant au sein de sa famille.

Le temps adoucit, s'il ne peut effacer les plus grandes douleurs, surtout quand un sujet puissant et légitime de distraction crée de nouveaux devoirs, sollicite l'attention de l'esprit et toute la tendresse du cœur. C'est ce qu'éprouva Suzanne en contemplant l'être délicat et frêle à qui elle avait donné le jour et qui réclamait tous ses soins. L'amour maternel, cet amour immense, exclusif, s'empara de son cœur, et, sans en arracher le doux et tendre souvenir d'un père bien-aimé, il rendit moins amer le regret de sa perte.

M*me* Arnoux elle-même trouva dans l'affection qu'elle prit pour son petit-fils, dans les soins délicats qu'une aïeule seule sait donner à la jeune mère et à son enfant, un puissant dérivatif à sa propre douleur.

Sous cette double influence maternelle,

l'enfant se fortifia et grandit rapidement. A deux ans, au moment où nous allons reprendre notre récit, c'était le plus charmant bébé que l'on pût voir.

Un jour du mois de mai 184..., Mme Auvray et sa mère causaient à voix basse, tout en travaillant à quelque ouvrage d'aiguille, auprès du berceau de l'enfant, qui faisait sa sieste habituelle, lorsque Marguerite, leur bonne, entra tout à coup dans la chambre en disant à haute voix, malgré les signes que lui faisaient les deux dames de parler plus bas : « Oh! Madame, voici une nouvelle bien extraordinaire! la jeune marquise de Valbois qui vient d'arriver au château!

— Que dis-tu? s'écrièrent ensemble Mme Arnoux et sa fille, oubliant la recommandation qu'elles venaient de faire à Marguerite; cela n'est pas possible! qui t'a dit cela?

— C'est Bastien, le fils du jardinier, qui

court par tout le village pour chercher du lait, des œufs frais, et d'autres provisions ; car personne n'était prévenu, et il n'y a pas seulement une bouchée de pain à lui donner au château. »

La mère et la fille se regardèrent un instant en silence, comme pour se demander ce que signifiait cette nouvelle excentricité de la marquise. Puis Mme Arnoux, baissant la voix et recommandant à Marguerite d'en faire autant, lui dit : « Est-ce qu'elle est venue seule ?

— Toute seule : ah ! c'est-à-dire avec une femme de chambre et deux domestiques, entre autres le vieux Joseph, vous savez ? l'ancien valet de chambre de M. le comte d'Ernouville. Est-ce que vous ne vous le rappelez pas ?

— Oh ! si, parfaitement ; mais parlez donc plus bas.

— N'ayez crainte, Madame ; il n'y a pas

de danger que le poupon s'éveille, quand même le tambour du village battrait à ses oreilles.

— Bastien était-il chargé par sa maîtresse de nous annoncer son arrivée? demanda Mme Auvray.

— Non, il ne m'en a pas parlé; il m'a conté cette nouvelle, tout en courant comme un écervelé qu'il est. D'ailleurs il n'a même pas vu la marquise; c'est Mlle Justine, la femme de chambre, — vous devez la connaître aussi, car elle était, à ce qu'on m'a dit, au service de feu Mme la comtesse d'Ernouville, — qui l'a chargé d'aller à la recherche des provisions... Mais, pardon, Madame, il faut que je retourne à ma cuisine; car j'ai mis sur le feu la bouillie de ce cher enfant, et il ne faut pas la laisser brûler.

— Eh bien! maman, que pensez-vous de cette nouvelle? dit Mme Auvray dès que Marguerite fut sortie; pour moi, j'en suis toute bouleversée. Après douze ans d'absence de ce pays, y revenir tout à coup, sans annoncer son arrivée, même aux domestiques du château, c'est vraiment bien extraordinaire... Pour nous, ajouta-t-elle avec un soupir, qu'elle ne nous ait pas prévenues, cela n'a rien d'étonnant : il y a plus de dix ans qu'elle ne nous a donné signe de vie, et il est probable qu'elle nous a complètement oubliées.

— Que veux-tu, ma chère enfant, je te l'ai dit bien des fois : il ne faut jamais compter sur l'amitié des grands ni des gens du monde. Ils ont trop de sujets de distraction pour s'attacher sérieusement à quelqu'un, même à leurs égaux, à plus forte raison à ceux qu'ils regardent comme étant beaucoup au-dessous d'eux. Il est vrai qu'il y a des exceptions, et je puis dire que si j'ai rencontré dans ma vie une amie réelle, une amie sincère, c'était la comtesse d'Ernou-

ville, comme ton père avait trouvé un ami
véritable dans le comte d'Ernouville son
mari. C'était une raison, sans doute, pour
penser que cette affection réciproque pas-
serait à nos enfants; je l'ai espéré pendant
quelque temps en voyant l'amitié qui vous
unissait lorsque vous étiez toutes petites;
mais j'avais compté sans l'éloignement, et
surtout l'entraînement et les séductions du
monde au milieu duquel elle allait être
jetée. Cette séparation, suivie de cet oubli,
a été la première douleur profonde que ton
cœur ait éprouvée, et ce n'est pas sans
peine que je suis parvenue à te consoler.

— Oh! oui, je l'aimais bien sincèrement,
et je suis persuadée que si le bon Dieu
m'avait donné une sœur, je ne l'aurais pas
aimée davantage. Malgré tout ce qui est
arrivé, malgré ce que je me dis souvent à
moi-même, je ne saurais m'imaginer qu'elle
m'ait tout à fait oubliée... »

En ce moment la conversation de la mère et de la fille fut interrompue par le retour de Marguerite annonçant l'arrivée de Joseph, le valet de chambre, porteur d'un message de sa maîtresse pour M™º Auvray.

M™ª Arnoux dit à Marguerite d'introduire ce garçon dans le petit salon voisin de la chambre à coucher. M™º Auvray s'y rendit à l'instant, et le vieux serviteur lui remit un billet de sa maîtresse, en disant qu'il avait ordre d'attendre la réponse... Mais l'importance de ce qui va suivre vaut la peine d'en faire un chapitre à part.

CHAPITRE II

La jeune femme s'empressa d'ouvrir ce billet; il ne contenait que ces lignes :

« La marquise de Valbois, née comtesse
« d'Ernouville, prie instamment Mme Au-
« vray de vouloir bien lui dire si Suzanne
« a gardé quelque souvenir de la petite
« Albertine, son amie d'enfance, et, dans
« ce cas, si elle serait disposée à la rece-
« voir, et à quelle heure celle-ci pourrait
« se présenter chez elle. »

« Oh! dites-lui, s'écria Mme Auvray après avoir lu le billet, que Suzanne n'attendra pas qu'elle se présente chez elle; c'est elle, au contraire, qui veut la prévenir et qui va se rendre immédiatement au château. Elle ne m'a donc pas oubliée, cette chère Albertine !

— Vous oublier, Madame ! elle parle continuellement de vous et de madame votre mère ; elle m'a chargé verbalement de demander des nouvelles de Mme Arnoux et de lui présenter ses hommages.

— Maman, maman, » appela Mme Auvray en se tournant du côté de la porte, qui était restée entr'ouverte.

Mme Arnoux parut aussitôt sur le seuil de la porte et s'avança dans le salon. Joseph lui fit un salut profond et respectueux, et lui présenta les compliments de sa maîtresse. En même temps Suzanne remit à sa mère le billet de la marquise en disant : « Tenez, maman, peut-on être plus gracieuse et plus délicate ?

— Vas-tu lui répondre par écrit ?

— Je m'en garderai bien ; je vais lui porter ma réponse moi-même. Dites-lui bien, monsieur Joseph, qu'elle ne se dérange pas; que dans un quart d'heure je serai au château....; le temps seulement de passer une robe.

— Dites-lui aussi, reprit Mme Arnoux, que j'aurais accompagné ma fille, si nous pouvions nous absenter toutes deux à la fois; mais nous avons ici un petit être fort exigeant, et qui ne peut se passer de l'une ou de l'autre de nous. Présentez mes hommages à Mme la marquise, et dites-lui que je m'empresserai d'aller les lui offrir moi-même, aussitôt que cela me sera possible.

— Je vais à l'instant faire votre commission; car Madame m'attend avec impatience.

— En voilà une surprise! s'écria Mme Auvray dès que Joseph fut sorti. Et moi qui l'accusais tout à l'heure de nous avoir oubliées! je m'en veux à moi-même d'avoir eu cette pensée-là.

— Il ne faut pas non plus, ma fille, t'enthousiasmer aussi facilement pour un retour qui n'est peut-être qu'un nouveau caprice de sa part. Avec ces personnes fantasques on ne sait jamais sur quoi compter.

— Mon Dieu, maman, voilà que vous l'accusez maintenant! tandis que je vous ai entendue autrefois la défendre, même contre mon pauvre père, quand il se montrait trop sévère sur son compte.

— Et je serais prête à la défendre de nouveau, si je l'entendais encore accuser injustement ou même avec trop de sévérité; mais en disant qu'elle est capricieuse, fantasque, inconséquente, et que l'on ne peut pas compter sur elle, je ne fais que constater ce qui est malheureusement trop vrai. Encore ces défauts, je les excuse jusqu'à un certain point, parce qu'ils viennent de la mauvaise direction donnée à son éducation. Son père l'a reconnu trop tard; je lisais encore dernièrement une lettre qu'il écrivait à mon

mari, peu de temps avant sa mort, et dans laquelle se trouve le passage suivant : « Oh!
« que vous avez été sagement inspiré, mon
« cher ami, lorsque vous avez refusé mon
« offre de faire élever à mes frais votre
« fille avec la mienne dans un grand pen-
« sionnat de Paris! Combien je regrette
« d'avoir cédé à de sots préjugés et aux
« instances de ma mère, et de n'avoir pas
« laissé Albertine, comme le désirait ma
« pauvre femme, achever son éducation à
« Ernouville avec sa petite Suzanne, qu'elle
« aimait tant, et sous la sage direction de
« votre femme! Peut-être bien des malheurs
« eussent été prévenus... » Je le crois aussi,
continua Mme Arnoux; mais enfin il ne faut
pas se désespérer, et Albertine est encore
assez jeune pour se corriger. Seulement,
comme je te le disais tout à l'heure, il ne
faut pas se fier avec trop de facilité aux démonstrations de ce caractère versatile. Nous

verrons bien d'ici à quelques jours ce qu'il peut y avoir de sérieux dans la démarche qu'elle fait aujourd'hui; jusque-là, il est bon de se tenir sur ses gardes. Toutefois, comme symptôme satisfaisant, je remarque avec plaisir qu'elle s'est entourée d'anciens serviteurs de sa famille, qui l'aiment sincèrement et de qui elle ne peut recevoir que de bons conseils. »

Pendant cette conversation, Mme Auvray s'était habillée; elle n'avait plus qu'à mettre son chapeau pour être prête à partir, lorsque l'enfant s'éveilla en appelant : « Maman, maman. » La jeune mère ne put résister à l'appel de cette voix chérie, et, au risque de retarder sa visite de quelques minutes, elle courut à l'enfant, qui lui tendait ses petits bras en souriant. Elle l'enleva de son berceau, l'embrassa tendrement et voulut le remettre à sa grand'mère pour l'habiller. Mais le petit bonhomme, se cramponnant au cou de sa mère, qu'il tenait étroitement embrassé, s'écria dans son langage enfantin : « Non, non, pas gros maman, petite mère. »

« Allons, dit Mme Auvray, il veut que ce soit moi qui l'habille ; il ne faut pas le contrarier, sans cela il vous ferait enrager quand je serais sortie. » En disant ces mots, elle s'assit, prit l'enfant sur ses genoux, et procéda à sa toilette, non sans entremêler cette opération de nombreuses caresses, que l'enfant recevait en riant et en les rendant avec usure. Mme Arnoux, debout derrière la chaise, regardait en souriant la mère et le fils, et de temps en temps engageait sa fille à se hâter pour ne pas faire attendre la jeune marquise.

Pendant que les deux femmes étaient, pour ainsi dire, absorbées dans cette douce occupation maternelle, une étrangère était arrivée sans bruit jusqu'à l'entrée de la chambre, et se tenait immobile sur le seuil, contemplant avec émotion ce tableau digne du pinceau de Greuze. Ses yeux se portaient surtout avec intérêt sur la jeune femme, cherchant à retrouver sur ce beau visage, qu'elle n'apercevait qu'en partie, quelques-uns des traits de la jeune fille qu'elle avait connue autrefois. Elle ne pouvait se figurer que ce fût la même personne; car, bien que la physionomie de la petite Suzanne annonçât déjà ce qu'elle aurait un jour de grâces et de charmes, on n'eût jamais prévu que sa beauté aurait un caractère si noble et si angélique. C'est que la beauté de Suzanne reflétait admirablement son caractère, et, pour ainsi dire, toute sa vie; les lignes pures et harmonieuses de son visage annonçaient une âme qui ne s'était ouverte qu'aux joies calmes et chastes de la famille, aux saintes émotions du foyer domestique; ni les folles joies du monde, ni ses vanités, ni ses illusions n'avaient troublé ce front paisible où la tendresse et l'orgueil maternels éclataient dans toute leur sérénité.

L'étrangère ne fit pas sans doute toutes ces réflexions ; mais sans analyser ce qu'elle éprouvait, son émotion s'accrut à mesure qu'elle regardait ce tableau touchant ; ses yeux se mouillèrent de larmes, et, ne pouvant se contenir davantage, elle fit quelques pas dans la chambre. Mme Arnoux et sa fille l'aperçurent alors, et, se levant par un même mouvement, elles s'avancèrent à sa rencontre, en s'écriant : « Mon Dieu ! mais c'est madame la marquise...

— Non, non, interrompit vivement l'étrangère, c'est Albertine qui vient voir maman Arnoux et sa chère Suzanne. » Et en disant ces mots elle tendit la main à Mme Arnoux, qui se trouvait la plus près ; puis Suzanne, qui venait de poser à terre son enfant, se précipita dans les bras de la marquise et l'embrassa avec la plus vive tendresse.

« Vous pleurez, Madame, dit tout à coup Mme Auvray en sentant son visage inondé des larmes de la marquise; auriez-vous éprouvé récemment quelque malheur?

— Non, non, ma bonne, c'est de joie que je pleure, fit la jeune marquise en essuyant ses yeux et en souriant au milieu de ses larmes; depuis longtemps, ou plutôt jamais, je n'ai éprouvé un bonheur pareil à celui que je ressens. »

On la fit asseoir sur un canapé; Mme Auvray prit place à côté d'elle, tandis que Mme Arnoux conduisait l'enfant à sa bonne.

« Oh! oui, oui, reprit la marquise en poussant un profond soupir, je suis bien heureuse de me trouver ici!... Oh! que de choses j'ai à vous dire, et qu'il me tardait de vous voir!...

— Vous voudrez bien m'excuser de ne pas vous avoir prévenue...; j'étais sur le point de partir lorsque mon fils s'est réveillé...

— Il a bien fait, interrompit vivement la marquise, de vous empêcher de sortir; j'aurais été très contrariée que vous me fissiez la première visite; aussi, quand Joseph m'a annoncé votre intention, j'ai monté en voiture sur-le-champ, espérant bien arriver ici avant votre départ, ou tout au moins vous rencontrer en route; car, enfin, c'est à ceux qui arrivent à faire les premières visites... Du reste, ce n'était pas pour me conformer à l'étiquette que j'ai mis tant d'empressement à venir; c'était pour vous voir plus tôt. Entre nous, je pense, nous n'avons pas besoin de nous astreindre à l'étiquette; autrement je vous devrais des excuses pour la manière dont je me suis présentée chez vous, sans me faire annoncer. Mais je n'ai trouvé personne en bas, et comme je connais la maison, je suis montée sans cérémonie jusqu'à votre chambre, où j'étais sûre de vous trouver. Voilà du sans-gêne : qu'en dites-vous ?

— Que vous avez parfaitement bien fait.

— Combien je suis heureuse de vous entendre parler ainsi ! Si vous saviez, ma chère Suzanne, que je suis tellement accoutumée de m'entendre dire : « Vous avez fait là une étourderie ; vous avez agi dans cette circonstance avec une incroyable légèreté ; » ou bien, « Vous avez manqué à telle ou telle convenance, » que je suis toute fière d'entendre une personne sage et raisonnable comme vous me dire : « Vous avez bien fait. »

Ce langage fit sourire Mme Auvray. « Qui donc, lui demanda-t-elle, se permet de vous adresser ces remontrances ?

— Tout le monde, ma chère : ma grand'-mère, d'abord, puis mon père, puis mon mari, et jusqu'à Justine et à Joseph, qui s'en mêlent quelquefois. Il est vrai que je ne les écoute pas souvent; mais tout cela me cause une foule de tracasseries et d'ennuis de toute sorte. Oh! j'ai bien des choses à vous raconter, bien des confidences à vous faire; car je ne connais que vous à qui je puisse confier mes peines.

— Votre confiance m'honore; vous pouvez être persuadée que je prendrai part à tout ce qui vous intéresse, et que s'il est en mon pouvoir d'adoucir ces peines dont vous parlez, je ne m'y épargnerai pas.

— Merci, ma bonne Suzanne; j'y ai bien compté, et c'est pour cela que je suis venue à Ernouville. »

En ce moment Mme Arnoux, qui avait laissé son petit-fils entre les mains de sa bonne Marguerite, rentra dans le salon, et vint s'asseoir auprès de la marquise. « Eh bien, madame la marquise, » lui dit-elle; mais

celle-ci ne la laissa pas achever sa phrase :
« Oh! je vous en prie, appelez-moi simplement « Albertine » ou « mon enfant », comme autrefois; et moi, permettez-moi de vous appeler « maman Arnoux », comme je faisais dans ce temps-là.

— Bien volontiers, mon enfant, puisque vous le voulez, dit en souriant Mᵐᵉ Arnoux; en ce cas je vais achever ma question. Il m'a semblé entendre en entrant que vous parliez à Suzanne du motif qui vous avait déterminée à revenir à Ernouville après une si longue absence : y aurait-il de l'indiscrétion à vous demander de m'en faire part?

— Pouvez-vous, maman Arnoux, me faire une pareille question, comme si j'avais quelque chose de caché pour vous ou pour Suzanne? Eh bien, ce motif, le voici : c'est que je suis la plus malheureuse des femmes.

— Ah! permettez, ma chère enfant, reprit en souriant la veuve, de vous arrêter à ce mot. Vous malheureuse! vous qui réunissez tous les avantages que l'on peut désirer, et qui font ce qu'on appelle les heureux de la terre, naissance, fortune, jeunesse, santé, vous vous dites malheureuse!

— Eh bien, oui, je le suis, et j'envie le sort de bon nombre de femmes qui sont loin de jouir des avantages dont vous parlez. Croyez-vous, ma bonne maman Arnoux, que ces avantages tant convoités généralement constituent le bonheur?

— Non, sans doute, je ne le crois pas; mais ce qui est certain, c'est qu'ils y contribuent puissamment lorsque l'on sait en user d'une manière convenable et conforme à la loi de Dieu. »

La marquise parut peu flattée de cette observation ; elle répondit avec un ton d'orgueil froissé : « Je ne crois pas pourtant m'être rendue jamais coupable d'aucun manquement grave à la loi de Dieu. Je puis marcher le front haut, soyez-en persuadée, Madame, sans que j'aie à rougir d'aucune action capable de porter atteinte à mon honneur et à ma considération.

— Mon Dieu! ma chère enfant, reprit Mme Arnoux du ton le plus affectueux, je me suis donc bien mal exprimée pour que vous ayez si mal compris mes paroles, et que vous leur ayez trouvé un sens qui était à mille lieues de ma pensée. J'exprimais d'une manière générale une réflexion qui ne pouvait s'appliquer à ce qui vous regarde, puisque je ne le connais pas encore. Quant à être persuadées de la parfaite honorabilité de votre conduite, nous le sommes, ma fille et moi, comme si vous eussiez toujours vécu au milieu de nous, et que nous eussions été témoins de vos moindres actions; ce qui doit vous le prouver d'une manière incontestable, c'est l'accueil franc, cordial, empressé, que nous vous faisons en ce moment, et qui serait tout autre, s'il existait dans notre esprit l'ombre d'un doute à cet égard.

— Oh! pardon, ma bonne maman Arnoux, pardon, fit la marquise en prenant les mains de la veuve et en les serrant avec effusion, oui, j'ai tort; mais que voulez-vous, ce sont mes malheurs qui m'ont rendue d'une susceptibilité ridicule. Je me suis tant de fois entendu dire des choses désagréables par des personnes qui me touchaient pourtant de fort près et qui auraient dû me ménager, que je suis toujours disposée à prendre de travers les moindres et les plus innocentes observations. Tenez, il faut que je vous raconte la dernière querelle que j'ai eue avec mon mari, celle après laquelle nous nous sommes brouillés tout à fait, et il est parti pour ne plus revenir. C'était le lendemain du dernier bal de l'ambassade d'Autriche. La comtésse de B*** y avait été remarquée pour la magnificence de sa toilette; elle avait éclipsé toutes les dames; on ne parlait que d'elle et de son éblouissante parure de diamants. Le lendemain les journaux rendirent compte de la fête, et la comtesse de B*** fut citée comme ayant le plus contribué à son éclat. On vantait son bon goût, sa beauté; remarquez qu'elle n'est ni fraîche ni jolie. On comptait les pierreries qui étincelaient à son front en forme de diadème, qui descendaient en rivière sur sa poitrine, qui tombaient de ses oreilles en pendants; et remarquez encore que cette comtesse, qui a passé la trentaine, était autrefois une petite bourgeoise de je ne sais plus quelle ville de province, et qu'elle a épousé, on ne sait comment, un vrai comte qu'elle ruine et qui ne s'en plaint pas. Nous causions des incidents de cette soirée entre quelques amies, lorsque l'une d'elles me dit:

« Après tout, ce qui a fait le succès de cette femme, ce n'est ni sa beauté, tout à fait passée, ni son esprit, d'une complète nullité, ni ses talents, plus nuls encore : c'est donc uniquement sa merveilleuse parure de diamants. Eh bien, chère, si vous le voulez, au prochain bal de l'ambassade d'Angleterre, vous effacerez sans peine tout cet éclat, et la comtesse sera bientôt oubliée. Il s'agit tout simplement d'avoir une parure plus belle et plus riche que la sienne, ce qu'il vous est facile de vous procurer. Je connais un joaillier qui possède en ce moment un assortiment magnifique de pierreries, qui valent de quatre-vingts à cent mille francs, et qu'il céderait presque à moitié prix de leur valeur, parce qu'il a besoin d'argent. Si vous voulez faire cette acquisition, on ne parlera bientôt plus que de la jeune, gracieuse et spirituelle marquise de Valbois, et vous serez citée comme le type de l'élégance et de la distinction. » Je n'étais pas éblouie de ces paroles flatteuses, croyez-le bien ; cependant je n'aurais pas été fâchée au fond de rabattre un peu l'orgueil de cette comtesse de hasard. J'allai voir les diamants chez le bijoutier : c'était vraiment quelque chose de merveilleux. Après être entrée en pourparler, il me les laissa au dernier mot à quarante-cinq mille francs. C'était un marché d'or, et je revins toute joyeuse conter la chose à mon mari. Croyez-vous qu'il me rit au nez, me traita de petite folle, et me demanda si c'était très sérieusement que je lui proposais de faire une pareille acquisition. « Très sérieusement, » répondis je. Alors il prit lui-même son air le plus sérieux, et me fit un sermon en trois ou quatre points au moins, sur le luxe immodéré des femmes, sur les dépenses exagérées de la toilette, etc. etc. Il me parla de la dernière note de

ma couturière, qui se montait à dix mille
francs, de celle de ma modiste, qui était de
trois mille, et qu'il avait payées sans faire
d'observation, et tout cela pour en venir à
me dire qu'il ne consentirait jamais à dé-
penser quarante-cinq mille francs pour des
diamants dont je n'avais pas besoin, puisque déjà je possédais un écrin très bien
assorti, et parfaitement convenable à une
femme de mon rang. En vain voulus-je lui
faire observer que c'était une occasion uni-
que, un placement avantageux de fonds,
puisque ces diamants valaient près du double. « Je crois, répondit-il, qu'il y aurait bien
à en rabattre s'ils étaient estimés par des
experts consciencieux ; mais s'ils valent
réellement le prix dont vous parlez, ce serait manquer de délicatesse que de profiter
de l'embarras d'un négociant pour lui acheter à moitié prix un objet d'une telle valeur,
et je suis trop honnête homme pour faire un

pareil marché. — Mais vous êtes libre de le dédommager, fis-je. — Vous y tenez donc bien à ces diamants? ajouta-t-il en me regardant fixement. — Oh! énormément, répondis-je. — Eh bien, apprenez, ma chère, reprit-il froidement, que des parures de ce genre et d'un prix si élevé ne sont portées que par des reines et par des princesses souveraines..., ou bien, ajouta-t-il en baissant la voix et comme s'il avait honte de ce qu'il allait dire, ou bien par des femmes d'une conduite équivoque. » A ces mots, je bondis comme si un fer aigu m'avait pénétré dans la chair. Je me fâchai, je m'emportai, et je lui dis des choses...; ma foi, je ne sais trop ce que je lui dis. Le fait est qu'il m'écoutait froidement, et qu'à la fin il me dit tranquillement : « Madame, je vous cède la place, je m'en vais, et je ne reviendrai que quand vous serez plus raisonnable. » Et là-dessus il est parti, et je ne l'ai pas revu depuis. D'ailleurs, je n'y tiens pas à ce qu'il revienne, je le déteste...; je ne veux plus le voir... La personne qui m'avait proposé cette acquisition de diamants m'engagea même à consulter un avocat pour faire prononcer notre séparation. Je ne l'ai pas encore fait; mais j'y réfléchirai. Ajoutez que dans cette affaire mon père me donne tous les torts, et vous pouvez maintenant juger si je n'ai pas raison de dire que je suis la plus malheureuse des femmes.

— Je conviens, en effet, ma chère enfant, dit Mme Arnoux, que vous devez être bien malheureuse; mais je remercie Dieu que dans votre malheur il vous ait inspiré l'idée de venir à Ernouville; peut-être trouverons-nous quelque moyen d'adoucir vos peines et de vous consoler de vos chagrins.

— C'est bien dans cet espoir que j'y suis venue. Oui, vous avez raison de dire que c'est comme une inspiration de Dieu. J'avais souvent entendu dire à mon père que le temps le plus heureux de sa vie était celui qu'il avait passé à Ernouville; et moi aussi, quand le poids du malheur s'est appesanti sur moi, le souvenir d'Ernouville s'est présenté à mon imagination, comme le souvenir du paradis terrestre a dû se présenter à nos premiers parents après leur chute. Je me suis rappelé avec délices ces temps d'innocence et de bonheur; et comme le retour ne m'en était pas interdit, que j'étais sûre d'y retrouver des cœurs compatissants, qui sauraient me comprendre, je suis venue dans l'espoir d'y trouver un peu de calme et de repos après tant d'agitation. »

CHAPITRE III

Lorsque la mère et la fille se retrouvèrent seules, Mme Arnoux dit à Suzanne : « L'esprit de cette pauvre enfant est sérieusement malade; mais son cœur est bon, ce qui donne espoir de guérison; seulement, pour y parvenir, il faut beaucoup de soin, de ménagement et de délicatesse dans l'application des remèdes. Il faut prendre garde surtout d'éveiller cette susceptibilité excessive, et de heurter cet orgueil qui a pris chez elle de profondes racines. Point de remontrances, point de sermons ; il faut l'amener doucement à reconnaître elle-même ses torts, et à vouloir les réparer. Cette tâche n'est pas facile, mon enfant ; mais si nous prions Dieu de nous aider, nous en viendrons aisément à bout. »

Suzanne comprit sa mère, et entra d'autant plus facilement dans ses vues, que ce rôle semblait fait tout exprès pour elle.

Nous ne la suivrons pas dans tous les détails des moyens qu'elle employa pour *guérir* l'esprit de son ancienne amie ; nous rapporterons seulement quelques faits et quelques conversations entre les deux jeunes femmes, qui nous suffiront pour donner à nos lectrices un échantillon de sa méthode.

La jeune marquise venait tous les jours s'entretenir avec Suzanne. Plusieurs fois elle vit M. Auvray, qui agit à son égard avec la plus grande discrétion ; la paix qui régnait dans ce ménage ne laissa pas de la toucher un peu ; mais ses préoccupations étaient ailleurs. Le plus souvent elle venait, le matin, chercher Suzanne pour faire avec elle, comme autrefois, des promenades dans la campagne environnante. Dans ces excursions, il n'était question que des souvenirs de leur première enfance, et Suzanne évitait avec soin tout ce qui pouvait faire allusion à la situation actuelle de sa compagne. Au retour on mangeait gaiement un déjeuner préparé par Mme Arnoux, et qui se composait principalement de laitage et d'œufs frais.

Un jour, dans une de ces promenades, elles suivaient un chemin qui longeait d'un côté une prairie, et de l'autre un champ de blé rempli de bluets et de coquelicots. Tout à coup Mme de Valbois s'arrêta en disant :
« Tiens ! je reconnais ce champ ; c'est ici

que nous venions cueillir des bouquets de bluets dont nous faisions ensuite des couronnes. Oh! c'était le bon temps celui-là! » fit-elle en soupirant; puis après une courte pause : « Te rappelles-tu, Suzanne, dit-elle (elle la tutoyait quelquefois quand elles étaient seules, mais jamais devant sa mère ni devant les étrangers); te rappelles-tu que tu me chantais quelquefois, quand nous nous trouvions sur ce chemin, une chanson dont je n'ai retenu que ces deux vers :

> En attendant que vous soyez marquise,
> Allons cueillir les bluets dans les blés.

Car déjà dans ce temps-là, ajouta-t-elle en poussant un profond soupir, il était convenu qu'un jour je serais marquise. Nous en riions bien alors, sans prévoir, hélas! que cette condition me serait funeste!

— Oh! oui, je m'en souviens bien, répondit Suzanne; c'est à l'époque où M. de Valbois le père avait amené son fils au château. Chacun vantait la bonne mine, la politesse et l'esprit de ce jeune homme, qui était un grand garçon de quinze à dix-huit ans, quand nous n'étions encore que de petites filles de neuf à dix ans. Je ne l'ai pas revu depuis; mais j'ai entendu dire à mon père que c'était un jeune homme très distingué.

— Cela est vrai, ma chère; M. le marquis de Valbois, mon très noble époux, est un gentilhomme d'une distinction remarquable, d'une loyauté à toute épreuve; en un mot, il a mille qualités, et je ne lui connais qu'un seul défaut : devine.

— Je ne saurais deviner; mais il faut que ce soit un défaut bien grave, bien sérieux pour.....

— On ne peut plus grave ni plus sérieux,

interrompit la marquise en riant, sans laisser Suzanne achever la phrase; mais c'est inutile de chercher, tu ne devinerais pas. Eh bien, ce défaut, — elle se pencha à son oreille, et lui dit tout bas, comme si elle eût craint d'être entendue, quoiqu'il n'y eût personne dans le voisinage, — ce défaut, c'est qu'il est mon mari. »

Suzanne s'arrêta stupéfaite comme si elle avait mal entendu. La marquise répéta sa phrase.

« Je ne vous comprends pas, dit Suzanne.

— Eh bien, oui, ma petite; le seul défaut que je trouve à M. de Valbois, c'est qu'il est mon mari, c'est-à-dire mon maître : comprends-tu maintenant?

— Pas davantage.

— Mon Dieu, que tu as l'intelligence dure aujourd'hui! Je vais tâcher de m'expliquer plus clairement. Quand j'étais à la pension, je ne voyais dans le mariage,

comme la plupart de mes compagnes, que
la corbeille, la toilette, et surtout, oh! par-
dessus tout, la liberté. Quand on a été sept
à huit ans captive dans un pensionnat, qu'on
n'a eu d'autre vêtement qu'un uniforme
disgracieux, qu'on a été astreinte à un rè-
glement qui vous mesure votre temps et vos
occupations heure par heure, minute par
minute, que l'on ne peut aller ni au spec-
tacle, ni au bal, ni en soirée, il n'est pas
étonnant que l'on aspire avec ardeur après
l'instant qui vous délivrera de ces chaînes et
vous rendra la liberté. Or c'est le mariage
qui doit opérer cette heureuse transformation; du moins c'était là mon rêve. Mais bientôt le rêve s'est évanoui, et je n'ai trouvé à
la place qu'une amère déception. Dans les
commencements, il est vrai, pendant ce
qu'on appelle la lune de miel, j'ai cru que
ce rêve serait une réalité; mais je n'ai pas
tardé à m'apercevoir que je m'étais donné

un maître; et alors je me suis prise à contrarier, à taquiner, à détester cet homme qui voulait m'imposer sa volonté. J'ai connu alors la justesse de cette pensée de la Fontaine :

> Notre ennemi, c'est notre maître,
> Je vous le dis en bon français.

« Et voilà pourquoi je trouve au marquis de Valbois un défaut impardonnable, celui d'être mon mari, c'est-à-dire mon maître : comprends-tu enfin ?

— Oh! oui, je comprends, répondit Suzanne avec un accent de compassion, que si tous les mariages du grand monde ressemblent au vôtre, ce doit être un enfer, et je comprends aussi maintenant ce que j'avais peine à me figurer, lorsque vous nous le disiez à ma mère et à moi, qu'en effet vous devez être bien malheureuse.

— Mais est-ce que ce n'est pas là, à peu

de chose près, l'histoire de tous les mariages? Est-ce que tous ne se ressemblent pas au fond, les uns plus, les autres moins? Est-ce que toi, par exemple, tu es parfaitement heureuse en ménage?

— Moi, Madame, dit Suzanne avec cet accent de vérité qui porte la conviction dans l'âme de ceux qui vous écoutent, je puis vous affirmer en conscience que je ne crois pas qu'il soit permis d'être plus heureuse ici-bas que je ne le suis, car il n'y a jamais de bonheur parfait sur la terre. Mais à part la douleur que m'a causée la mort de mon père, et les inquiétudes que m'ont données quelquefois les petits bobos de mon enfant, que je prenais pour de grosses maladies, je puis vous assurer que depuis mon mariage rien n'est venu apporter la moindre altération à mon bonheur.

— Oh! mais je n'entends pas parler des chagrins de ce genre-là; je parle des contrariétés que tu as dû éprouver de la part de ton mari; car enfin sa volonté a dû plus d'une fois être en opposition avec la sienne...

— Jamais! s'écria vivement Suzanne.

— C'est incroyable!... Il est vrai qu'il m'a paru assez bon homme; en ce cas je comprends que tu sois bien heureuse, car tu peux te vanter d'avoir la perle des maris, un mari qui fait toutes les volontés de sa femme!... C'est merveilleux, c'est phénoménal, c'est miraculeux !

— Mais je ne vous dis pas qu'il fasse mes volontés, pas plus que je ne fais les siennes.

— Ah! alors, à mon tour, je ne te comprends plus : comment se fait-il qu'il n'y ait jamais de contrariété entre vous deux, puisqu'il ne fait pas ta volonté et que tu ne fais pas la sienne?

— Oh! mon Dieu, reprit Suzanne en souriant avec un air de bonhomie qui n'était pas exempt d'une certaine finesse, cela n'est pourtant pas difficile à comprendre : c'est tout simplement que nous n'avons pas chacun notre volonté à part; au lieu de les avoir séparées, nous les avons mises en commun comme tout le reste de ce qui nous appartient; de sorte que nous n'avons plus maintenant qu'une seule volonté à nous deux. Il en résulte qu'en faisant ma volonté je fais la sienne, comme lui de son côté tout en faisant sa volonté fait aussi la mienne : de cette manière vous comprenez qu'il ne saurait y avoir de contrariété entre nous et que nous sommes toujours d'accord. »

Cette explication si simple, si naturelle, fit réfléchir la marquise.

Une seule volonté à deux ! oui, voilà le beau, voilà l'idéal du mariage, se disait-elle à elle-même en continuant à marcher silencieusement à côté de Suzanne. Seulement je n'aurais pas cru jusqu'ici qu'un pareil idéal pût se réaliser, et cependant il existe... Cette petite dit la vérité, et je l'ai vu de mes yeux.

Suzanne n'avait garde d'interrompre les réflexions de la marquise; la promenade s'acheva sans que la conversation eût repris son animation première. Au moment de se séparer, la marquise dit à Suzanne : « N'oublie pas, ma petite, de venir me prendre demain dimanche après vêpres, pour aller à la ferme de la Grancière voir cette bonne vieille mère Mignot, à qui, m'as-tu dit, ma visite ferait tant de plaisir.

— Vous pouvez être assurée que je n'y manquerai pas. »

Suzanne, en rentrant, rendit compte à sa mère de sa conversation avec Albertine (entre elles, elles l'appelaient toujours ainsi) pendant leur promenade.

« Très bien, ma fille; voilà, j'espère, une

leçon qui lui profitera plus que si on lui eût adressé un long sermon sur la soumission que la femme doit à son mari, et les égards que les époux se doivent mutuellement. »

Le lendemain, Suzanne fut exacte au rendez-vous. Elle avait mis ses plus beaux vêtements pour faire honneur à sa noble amie.

« Comme te voilà fraiche et belle! s'écria la marquise en la voyant. Tu es mon aînée de près d'un an, et je suis sûre que je parais plus vieille que toi de dix ans. Quel cosmétique emploies-tu donc pour te conserver le teint si frais?

— Quel cosmétique? s'écria Suzanne en riant; mais je n'en emploie pas d'autre que l'eau fraiche de la fontaine.

— Quel délicieux chapeau tu as là! il te coiffe à ravir; bien sûr qu'il n'a pas été fait en province, et je parierais que c'est ton mari qui te l'a rapporté de Paris à son dernier voyage.

— Et vous perdriez votre pari, répondit Suzanne, toujours riant; ce chapeau, c'est moi qui l'ai fait; seulement mon mari m'a rapporté les rubans de notre chef-lieu de département, lorsqu'il y est allé pour la foire de Pâques.

— Mais je te jure qu'une habile modiste ne ferait pas mieux, et j'y ai été complètement trompée. Et ta robe, serait-ce aussi toi qui par hasard l'aurais faite?

— Non, c'est ma robe de noce, qui a été confectionnée par une ouvrière de la ville. Seulement je l'ai refaite moi-même et l'ai rélargie, parce que ma taille a grossi un peu depuis trois ans.

— Une robe de trois ans, encore si fraîche et si bien conservée! Vraiment, ma chère, ton mari ne doit pas se plaindre que tes dépenses de toilette sont exagérées.

« Et tu t'es toujours contentée d'une toilette aussi simple? Tu n'a jamais désiré au moins quelques parures plus recherchées, quelques bijoux de prix?

— D'abord notre fortune ne nous permettrait pas ces dépenses inutiles; puis, quand même je le pourrais sans déranger l'équilibre de notre petit budget domestique, je vous le demande, à quoi me serviraient ces parures de luxe? à coup sûr je n'ai pas besoin de ce moyen-là pour plaire à mon mari, et comme c'est à lui seul que je désire plaire, je ne vois pas de quelle utilité me seraient de pareils objets. La plus belle parure que je possède à ses yeux et aux miens, c'est mon enfant : oh! de celle-là, je vous l'assure, je suis plus fière que votre comtesse de l'ambassade d'Autriche avec son diadème et sa rivière de diamants !

— Je le crois, » fit la marquise en soupirant.

En ce moment Joseph vint annoncer que la calèche était prête, et ces dames montèrent en voiture.

Pendant quelques instants, la marquise garda le silence, paraissant absorbée dans ses réflexions; puis tout à coup, répondant sans doute à une pensée qui lui traversait l'esprit : « Mais quand tes parents, dit-elle, t'ont annoncé que tu allais te marier, est-ce que tu n'as pas eu comme moi l'idée que le mariage allait te rendre plus libre que tu ne l'étais étant demoiselle?

— Je n'ai pas eu un instant cette idée; au contraire, on m'a dit que l'état du mariage était grave et saint; qu'il imposait des obligations et des devoirs qu'on ne pouvait bien remplir qu'avec la grâce de Dieu, et que c'était pour cela que Notre-Seigneur Jésus-Christ avait élevé cette union à la dignité de sacrement. Oh! si vous aviez entendu les touchantes paroles que nous a adressées notre bon et digne curé à ce sujet au moment où il allait bénir notre union, vous n'auriez pu, comme moi, retenir vos larmes ! Cette allocution m'a tellement frappée, que je me la suis rappelée tout entière, et que je l'ai écrite au sortir de la cérémonie pour mieux en conserver le souvenir.

— L'as-tu encore?

— Certainement; je la garde avec soin et je la relis même de temps en temps.

— Veux-tu me la prêter, ou plutôt m'en donner une copie?

— Oh! bien volontiers. Je la copierai ce soir en rentrant, et je vous la donnerai demain. »

La mère Mignot, qu'elles allaient visiter, avait été autrefois au service de la comtesse d'Ernouville; elle avait vu naître Albertine et l'avait souvent portée dans ses bras. Elle était depuis longtemps tombée dans une profonde misère, et sans les secours de Mme Arnoux et de sa fille, elle n'aurait pu élever quatre petits-enfants que lui avaient laissés son gendre et sa fille morts quelques années auparavant. La pauvre femme reçut les larmes aux yeux la visite de sa « petite Albertine », plus heureuse des marques touchantes de sympathie qu'elle lui donna que de la somme d'argent qu'elle lui laissa, et qui la mettait pour longtemps à l'abri du besoin.

Soit que cet acte de charité eût rendu plus de sérénité à son âme, soit que des pensées plus douces eussent pénétré dans son cœur, la marquise en revenant au château montra une gaieté plus calme, plus réelle qu'elle ne l'avait fait depuis son arrivée.

Le fait est que son intimité avec sa vertueuse amie, la vue continuelle de cet heureux ménage, de ce ménage modèle, avait opéré peu à peu une transformation remarquable dans ses pensées, dans ses sentiments, dans sa manière de voir. Elle faisait de fréquents retours sur elle-même, et alors ses yeux se baignaient de larmes; ou un éclair d'espérance illuminait son regard.

Depuis quelque temps Suzanne avait remarqué que la marquise, qui, dans les commencements de son arrivée, faisait à peine attention à son fils, maintenant le comblait de caresses, et ne se séparait de lui que les larmes aux yeux. Un jour même, elle éclata en sanglots, et Suzanne effrayée lui demanda avec un touchant intérêt ce qui pouvait causer sa douleur.

« Je n'ose pas vous le dire, répondit-elle ; car, si vous le saviez, vous cesseriez de m'aimer, et ce serait un nouveau supplice pour moi. »

Suzanne la pressa de s'expliquer, en lui disant qu'elle trouverait toujours en elle une amie dévouée et qui ferait tout son possible pour adoucir ses peines.

« Eh bien, je vais parler, d'autant plus facilement que cet aveu me soulagera peut-être d'un poids qui me suffoque ! Vous ne savez pas pourquoi je pleure chaque fois que j'embrasse votre enfant ? Eh bien, c'est parce que moi aussi je devrais être mère ; mais, par ma désobéissance à mon mari, par mon étourderie, par mon amour des plaisirs, j'ai mérité que le Ciel me refusât ce bonheur. Au fond, je sentais bien que j'avais tort ; mais je cherchais à étouffer le remords en me livrant aux fêtes et aux plaisirs du monde avec plus d'ardeur encore que par le passé. C'est ainsi que je me suis attiré justement la haine et l'abandon de mon mari. Je faisais toutes sortes d'efforts pour tâcher de m'étourdir et d'oublier; mais ici la vue de votre paisible ménage, les paroles si sages qui sortaient de votre bouche, la lecture de l'allocution que vous a adressée le curé en vous mariant, et que j'ai lue et relue bien des fois, enfin les caresses de ce petit ange, ont ramené le souvenir de mes fautes plus vivace, plus poignant que jamais. Voilà, ma chère Suzanne, le remords qui pèse sur mon âme. Eh bien, après cet aveu, me croyez-vous encore digne d'être votre amie?

— Oui, je vous en crois plus digne que jamais, s'écria Suzanne en se jetant dans ses bras. Vos fautes sont graves sans doute, mais votre repentir les a déjà effacées en partie; il ne vous reste plus qu'à vous adresser au consolateur des affligés, au sauveur des coupables; allez à lui avec confiance, il a les mains pleines de soulagements pour toutes les douleurs et de pardons pour toutes les fautes.

— Oui, je vous entends, vous me conseillez d'aller à confesse auprès de votre digne pasteur; j'y ai déjà plus d'une fois songé, et demain...

— Pourquoi demain? interrompit Suzanne; pourquoi pas aujourd'hui, à l'instant même?

— Mais je craindrais de le déranger... à cette heure.

— Ne craignez rien; je vous accompagnerai si vous le désirez.

— Je le veux bien. » . . . .
. . . .

Une heure après, la marquise revenait auprès de Suzanne. Elle pleurait encore, mais c'étaient de douces larmes qui coulaient de ses yeux.

« Merci, ma bonne, ma véritable amie, lui dit-elle en l'embrassant, du bon conseil que tu m'as donné; je suis maintenant la plus heureuse des femmes; car je suis réconciliée avec Dieu, et j'ai l'espoir de l'être bientôt avec mon père et mon mari. »

Cet espoir ne fut pas trompé. Elle écrivit à son père ce qui s'était passé, et trois jours après, le comte d'Ernouville et son gendre arrivaient au château, et le lendemain, dans une fête de famille, à laquelle assistaient Suzanne, son mari et sa mère, on célébrait la réconciliation des deux époux.

FIN

8427. — Tours, impr. Mame.

www.ingramcontent.com/pod-product-compliance
Lightning Source LLC
Chambersburg PA
CBHW060135100426
42744CB00007B/795